DICIONÁRIO DE CRIMINOLOGIA

Dados Internacionais de Catalogação na Publicação (CIP)
(Câmara Brasileira do Livro, SP, Brasil)

Santos, Gizelda Maria Scalon Seixas
  Dicionário de criminologia / Gizelda Maria
Scalon Seixas Santos. — São Paulo : Ícone, 2007.

  Bibliografia.
  ISBN 978-85-274-0922-3

  1. Criminologia - Dicionários I. Título.

07-0134   CDU-343.9(03)

Índices para catálogo sistemático:

1. Dicionários : Criminologia : Ciências penais
      343.9(03)

GIZELDA MARIA SCALON SEIXAS SANTOS

DICIONÁRIO
DE CRIMINOLOGIA

cone
editora

© Copyright 2007.
Ícone Editora Ltda.

Capa
Andréa Magalhães da Silva

Revisão
Rosa Maria Cury Cardoso

Diagramação
Nelson Mengue Surian

Proibida a reprodução total ou parcial desta obra,
de qualquer forma ou meio eletrônico, mecânico,
inclusive através de processos xerográficos,
sem permissão expressa do editor
(Lei nº 9.610/98).

Todos os direitos reservados pela
ÍCONE EDITORA LTDA.
Rua Anhangüera, 56/66
CEP 01135-000 – São Paulo – SP
Tel./Fax.: (11) 3392-7771
www.iconeeditora.com.br
e-mail: iconevendas@iconeeditora.com.br

Dedicatória

Em memória de
Fernando Tadeu Scalon Seixas Santos e
Maria Aparecida de Oliveira Seixas Santos.

Nota Sobre a Autora

Gizelda Maria Scalon Seixas Santos é mestra em Direito pela UNESP – Universidade Estadual Paulista, especialista em Direito Civil pela Universidad de Salamanca, criminóloga, professora universitária e advogada.

Nota Introdutória

Sempre me incomodou o fato de não existir, pelo menos entre nós, um dicionário básico, atual, que sem ser excessivamente simplificado fosse capaz de oferecer aos que se iniciam no estudo da Criminologia uma definição dos seus termos. Revisar e atualizar o 'Dicionário de Criminologia' de meu pai, José Wilson Seixas Santos, cuja última edição é de 1987, para atender às necessidades de nossa época, implicaria em modificar, acrescentar, adequar verbetes comprometendo a excelência dessa obra que, como disse Dr. Ayush Morad Amar, no prefácio da sua primeira edição, foi pioneira em nosso meio, merecendo os mais "vivos aplausos". Assim, pensando em fornecer, principalmente aos meus alunos da graduação e da pós-graduação, um mínimo de informações teórico-doutrinárias, resolvi editar o meu 'Dicionário de Criminologia'. Usei linguagem simples, clara e acessível objetivando maior compreensão e assimilação. As definições foram, em grande parte, ilustradas com textos de conhecidos autores para, sobretudo, estimular uma pesquisa mais profunda, do fenômeno criminal, por parte do leitor.

Gizelda Maria

A

ABANO

1. Meio de comunicação entre os presos. Consiste na substituição de letras por sinais manuais sendo que cada letra corresponde a um aceno.

2. *"O silêncio imposto pelos antigos sistemas é a fonte do surgimento de códigos de comunicação alternativos que perduram até hoje: aproveitam desde o alfabeto manual de surdos-mudos até técnicas desenvolvidas pelos próprios prisioneiros, como a do 'abano' [...] que consiste na troca de letras de uma palavra pela quantidade de acenos a ela correspondente".* (CARVALHO FILHO, 2002, p. 42)

ABIN

Agência Brasileira de Inteligência. É órgão de assessoramento direto da Presidência da República, estando na posição de órgão central do Sistema Brasileiro de Inteligência. Foi criado por meio da Lei n° 9.883 de 7/12/99.

AÇOITAR

Bater com chicote.
V. Pena de Açoite.

AÇÚCAR

(Gír.) Cocaína.

AFIS

Automated Fingerprint Identification System. Sistema de identificação pelas impressões digitais. O núcleo central de armazenamento de dados fica no Instituto Nacional de Identificação, sediado no Distrito Federal.
V. Datiloscopia, Identificação Criminal e Antropometria Judicial.

AGENTE INFILTRADO

1. Informante das autoridades policiais que, com falsa identidade, infiltra-se no meio dos grupos criminosos com a finalidade de obter informações sobre eles. A infiltração de agentes foi disciplinada pela Lei nº 10.217, de 12 de abril de 2001, que introduziu o inciso V ao art. 2º da Lei nº 9.034/95. A Lei nº 10.409, de 11 de janeiro de 2002, tratou do instituto no art. 33, inciso I.
2. "A infiltração de agentes consiste numa técnica de investigação criminal ou de obtenção da prova, pela qual um agente do Estado, mediante prévia autorização judicial, infiltra-se numa organização criminosa, simulando a condição de integrante, para obter informações a respeito do seu funcionamento." (SILVA, 2003, p. 86)
3. "Entre todos os policiais engajados na batalha contra o crime organizado, a figura do *undercover agent* ('agente infiltrado'), agindo sob identidade falsa e participando das atividades criminosas do cartel, é a mais ambígua, a mais difícil de definir. Costuma ser chamado de toupeira." (ZIEGLER, 2003, p. 283)

AGOSTINHO, AURÉLIO

354-430 d.C.
Filósofo e teólogo, Agostinho considerava a pena de talião a 'justiça dos injustos'. Sustentava que a pena deveria ser medida de defesa social, servindo como ameaça e exemplo e, sobretudo, para a recuperação do delinqüente.

AGOSTINHO, JOSÉ DE SOUSA LIMA

Sousa Lima escreveu *Tratado de Medicina Legal*. Esse livro, que pode ser considerado o primeiro publicado no Brasil sobre o assunto, marca uma nova e importante fase da Medicina Legal científica brasileira.

AIEA

Agência Internacional de Energia Atômica com sede em Viena, Áustria. É responsável pelo combate ao tráfico de armas e substâncias nucleares. V. Criminalidade Nuclear.

ALCOOLEMIA

Presença de álcool no sangue.

ALJUBE

1. Cárcere: Prisão eclesiástica situada no Rio de Janeiro. Com a chegada da Família Real ao Brasil foi transformada em cárcere para criminosos comuns.
2. "Em 1829, uma comissão de inspeção nomeada pela Câmara Municipal afirmaria: 'O aspecto dos presos nos faz tremer de horror'; eram 390 detentos, e cada um dispunha de uma área aproximada de 0,60 por 1,20 metro. Em 1831, o número de presos passaria de 500. Em 1856, prestes a ser desativado, o Aljube seria

definido pelo chefe de polícia da Corte como um 'protesto vivo contra o nosso progresso moral' ". (CARVALHO FILHO, 2002, p. 37)

AMOR, DROGA DO
V. Ecstasy.

ANÁLISE PSICOLINGÜÍSTICA

1. Análise do estilo da escrita e da linguagem. Psicologia da Linguagem.
2. "Não se trata de análise grafológica [...] mas, sim, da positivação do uso real da linguagem, do estilo e, é claro, da mensagem subjacente." (DOUGLAS; OLSHAKER, 2002, p. 61)
3. Ilana Casoy (2004, p. 36), referindo-se a Theodore J. Kacynski, o Unabomber, conta: "Em 1995, ao entrarem na cabana do bombardeador em série, localizada em lugar remoto das montanhas, deram-se conta de que era exatamente o que esperavam encontrar. Mas, neste caso, jamais teriam localizado o criminoso sem a ajuda de seus familiares. Seu irmão, ao ler o manifesto de mais de 35.000 palavras publicado nos jornais

por exigência do criminoso procurado, reconheceu o estilo do documento. Enviou à polícia federal cartas escritas por ele encontradas no porão de sua mãe em troca da suspensão da pena de morte quando julgado".

ANATOMIA PATOLÓGICA CRIMINAL
V. Teoria da.

ANEUPLOIDIA
1. Desequilíbrio genético; perturbações genéticas originadas das aberrações cromossômicas.
2. "Os organismos nos quais um determinado cromossomo, ou segmento cromossômico, está hipoexpresso ou hiperexpresso são ditos aneuplóides (das palavras gregas que significam 'não', 'bom' e 'vezes'). Estes organismos sofrem, portanto, de um desequilíbrio genético específico. [...] A anomalia cromossômica mais conhecida e mais comum em humanos é a *síndrome de Down*, uma condição associada a um cromossomo 21 extra. Esta síndrome foi descrita em 1866 por um mé-

dico inglês, Langdon Down, mas sua base cromossômica não foi claramente compreendida até 1959." (SNUSTAD; SIMMONS, 2001, pp. 123, 130).

ANCEL, MARC
O movimento, denominado Defesa Social, iniciou-se em 1945, com Fellipo Gramatica. Desenvolvido e sustentado por Marc Ancel, tal movimento foi rebatizado com o nome de Nova Defesa Social. As idéias de Ancel eram mais moderadas que as de Gramatica e foram traduzidas na sua obra *La Défense Sociale Nouvelle*, publicada em 1954. Marc Ancel criou a revista *Archives de Politique Criminelle*, em 1975.
V. Defesa Social, Fillipo Gramatica e Nova Defesa Social.

ANOMIA
1. Etimologicamente, anomia significa ausência de normas. Para Durkheim anomia é uma situação de 'crise' ou, o 'desmoronamento de normas e valores' em virtude de transformações sociais significativas. Foi na obra *O Suicídio* que me-

lhor expôs a teoria da anomia ao elaborar uma tipologia do suicídio.

2. "O que Durkheim chamava de *anomia* pode designar também como um estado de '*falta de normas*'. Esse estado surge quando a desintegração da ordem coletiva permite que as aspirações do homem se elevem por cima de toda possibilidade de cumprimento. A sociedade não impõe disciplina e não há normas sociais que definam os objetos da ação. As pessoas aspiram a meta ou não podem lograr ou encontram dificuldades em alcançá-la. Descrevendo ao que parece mais a sociedade atual que a de sua época, Durkheim enumera as características, primordialmente econômicas, de uma sociedade que produz aspirações ilimitadas e, portanto, o *suicídio anômico*. [...] O emprego que Durkheim fazia do termo *anomia* estava longe de ser preciso, e uma cuidadosa leitura de suas obras deixa o leitor um tanto confuso." (COSTA, 2005, p. 349)

3. "Anomia é, enfim, aquela crise da estrutura cultural, que se verifica especialmente quando ocorre uma forte discrepância entre normas e fins culturais, por um lado, e as possibilidades socialmente estruturadas de agir em conformidade com aquelas, por outro lado. [...] Somente quando são ultrapassados determinados limites, o fenômeno do desvio é negativo para a existência e o desenvolvimento da estrutura social, seguindo-se um estado de desorganização, no qual todo o sistema de regras de conduta perde valor, enquanto um novo sistema ainda não se afirmou (esta é a situação de 'anomia'). Ao contrário, dentro dos seus limites funcionais, o comportamento desviante é um fator necessário e útil para o equilíbrio e o desenvolvimento sociocultural." (BARATTA, 2002, pp. 59, 60, 63)

4. "Diante de mais um caso de extrema violência, patrocinado pelo crime organizado no Rio de Janeiro, onde um ônibus circular ardeu em chamas, matando cinco pessoas carbonizadas – incluindo uma mulher e seu bebê –, fica patente que nos aproximamos perigosamente

de um Estado anômico. [...] Somente uma ação coordenada entre os governos federal e estaduais buscando viabilizar uma efetiva política de segurança pública no País, poderá acabar com o perigo da anomia." (D'URSO, *Quando a Criminalidade ameaça o Estado Democrático de Direito*, Consulex, n° 215, p. 22)

5. "A sociedade contemporânea russa, que deu origem aos senhores do crime, apresenta a fascinante imagem da anomia. Este conceito está no centro da teoria sociológica de Émile Durkheim. Ele designa uma situação na qual o tecido social está em frangalhos, nenhuma norma supraindividual limita a agressividade dos indivíduos ou dos grupos e as poucas instituições estatais que sobrevivem são capazes de controlar apenas alguns territórios marginais da vida coletiva. [...] Uma coisa parece-me certa: a Rússia de hoje é um caos social organizado segundo a racionalidade predominante dos cartéis da criminalidade transnacional. Encontra-se em estado de anomia. Pino Arlacchi vale-se do mesmo conceito de anomia para analisar a sociedade siciliana do pós-guerra." (ZIEGLER, 2003, pp. 115,116)

V. Durkheim, Émile e Merton, Robert K.

ANTROPOLOGIA
Ciência que tem por objeto o conhecimento do homem. História natural do homem. A origem da Criminologia está na Antropologia.

ANTROPOLOGIA CRIMINAL
1. Antropologia Criminal ou Biologia Criminal é a história natural do homem criminoso.

2. "A *Antropologia ou Biologia Criminal*. Seu objetivo fundamental é o estudo do criminoso, dos seus caracteres físicos e psíquicos, suas paixões e sentimentos, ou sejam os fatores orgânicos e biológicos individuais do delito, fixando as anomalias apresentadas pela maior parte dos delinqüentes." (FARIA, 1958, p. 31)

3. Lombroso "julgou poder concluir que o criminoso é arrastado à prática do crime

por efeito necessário da sua natureza. Examinando, depois, alguns milhares de delinqüentes e comparando-os com pessoas honestas, achou fundado o parecer – já, em tempos remotos, empiricamente afirmado – segundo o qual se encontram refletidos na especial conformação física de cada criminoso os impulsos depravados que lhe residem no ânimo. Não se contentando com esses resultados, Lombroso fez o estudo anatomopatológico de vários crânios, cérebros e vísceras de criminosos, comparando-os com os de homens normais, e reconheceu que as anomalias aparentes do delinqüente têm a confirmação nas suas anomalias interiores. Percorreu, finalmente, os caracteres biológicos e psicológicos dos malfeitores, e, quer na sua tendência para se tatuarem, quer na insensibilidade, quer na inclinação para o suicídio, quer nas más paixões a que se entregam, quer na perversidade de que fazem gala, quer na linguagem particular que usam, quer na literatura e associações a que se entregam,

Lombroso viu quanto se distinguia o criminoso do homem normal e como este precisava precaver-se dos ataques daquele." (COSTA, 2005, p. 125)

4. "... de se consignar que a Antropologia Criminal, ou Biologia Criminal, como a consideram os alemães [...], é definida como ciência que pesquisa 'os fatores individuais do crime', nele compreendendo os coeficientes endógenos (somáticos e psíquicos da vida do homem)". (FERNANDES, N.; FERNANDES, V., 2002, p. 89)

5. A escola e a ciência denominadas Antropologia Criminal foram fundadas por Cesare Lombroso. Para Jean Pinatel (1960, p. 27), o precursor da Antropologia Criminal foi o físico italiano Della Porta.

6. Nelson Hungria chamou a Antropologia Criminal de 'ramo seco da ciência': "Acontece, entretanto, que com estes meus ângulos de vista não se conforma o conhecido professor e meu particular amigo Dr. Leonídio Ribeiro, que se especializou,

entre nós, no estudo desse ramo seco da ciência que se chama antropologia criminal". (Apud DOTTI, 2003, p. 389, nota 14).

7. O I Congresso de Antropologia Criminal ocorreu em Roma, entre 17 e 23 de novembro de 1885. A Comissão permanente era composta por Moleschott, Roussel, Lombroso, Lacassagne, Moret, Ferri, Garofalo e Mayor.

ANTROPOLOGIA JURÍDICA

1. Ciência esboçada por Louis Manouvrier e apresentada no II Congresso de Antropologia Criminal, realizado em Paris, em 1889. Foi nessa ocasião, rejeitada por Topinard e por Gabriel Tarde.

2. "Se o Direito é uma ciência normativa, agindo de maneira indireta sobre a vida através da natureza humana, constitui um capítulo da *antropotécnica* e essa deve receber orientações da antropologia, sua irmã, no número das ciências explicativas que estudam a natureza dos seres. É daí que surge uma ciência nova, a *antropologia jurídica*." (SALDAÑA, 2003, p. 140)

ANTROPOLOGIA PATOLÓGICA

A Antropologia Patológica estuda o fenômeno criminal mórbido.

ANTROPOLOGIA PENITENCIÁRIA

Estudo dos criminosos na prisão. "Há mesmo uma 'Antropologia Penitenciária' que se realiza n'uma *clínica criminal* com o estudo de criminosos nas prisões." (SANTOS, José, 1973, p. 71)

ANTROPOMETRIA JUDICIAL

1. Processo de identificação criado por Alphonse Bertillon, baseado nas medidas do corpo humano. É, também, conhecido por *bertillonnage* (denominação proposta por Lacassagne). Com base na Antropometria Judicial, foi criada a ficha antropométrica à qual se acrescentam fotografias de frente e de perfil da pessoa identificada.

2. "A Antropometria não é, bem entendido, uma ciência, mas sim um método, um sistema de processos de mensuração, quer sobre os vivos, quer sobre os mortos (crânios etc.). Por sua vez a dupla técnica antropométrica,

mensuração e classificação, não é senão uma arte auxiliar duma ciência: a antropologia. [...] A identificação dos criminosos deu um passo definitivo no seu caminho social. Passou, de função popular confiada aos bons olhos da multidão que assistia às antigas exposições, à categoria de função pública oficial do Estado moderno, missão profissional de um corpo técnico. Igualmente aconteceu com os métodos. Desapareceram os antigos e bárbaros processos de identificação – mutilação e estigmatização. A *tatuagem judicial* proposta por Bentham, mais tarde por Liersch, na Alemanha, e mesmo pelo Dr. Severin Icard, em Marselha, foi sempre desaprovada como um disfarce da *marca*. A identificação anatômica de Legrand du Saulle, auxiliada pela descrição dos sinais particulares (estatura, cor do cabelo, deformações profissionais, tatuagem eventual, cicatrizes, etc.), era uma tarefa tão pesada como insegura." (SALDAÑA, 2003, pp. 112, 113). 3. "A antropometria hoje tem mais valor histórico, graças a dificuldades práticas em sua execução e à existência de outros processos que a suplantam.

Quero, apenas, assinalar os seguintes inconvenientes: ela prova a não identidade, agindo, pois, por eliminação; as medidas estão sempre na dependência de um fator pessoal e são, assim, passíveis de erro que escalas de tolerância já prevêm; é sempre difícil tomar medidas exatas, máxime nos velhos e nas mulheres, devendo ser excluídas da técnica as crianças; é processo que exige tempo, quer na mensuração, quer na pesquisa; por fim, impõe-se a necessidade de técnicos experimentados." (FÁVERO, 1962, p. 141)
V. Identificação Criminal, AFIS, Datiloscopia e Marcas.

ANTROPOTOMIA
Anatomia do ser humano. Dissecação do cadáver.

APARTHEID
Em afrikaans, significa "separação". Apartheid ou 'identidade separada' refere-se à política oficial do governo sul-africano no tocante aos direitos sociais, políticos e às relações entre as diferentes raças. Trata-se de segregação racial e, portanto, crime contra a humanidade.

AQUINO, TOMÁS
1225 - 1274
Filósofo e teólogo medieval, o italiano Tomás de Aquino, na obra *Summa Contra Gentiles*, afirma que a pobreza é, geralmente, a causa do furto e do roubo e, na *Summa Teológica*, diz que o furto famélico é praticado em virtude do estado de absoluta necessidade devendo, por isso, excluir o crime. Tomás de Aquino pregou a abolição da vingança privada, afirmando que cabe apenas ao poder público o direito de punir os criminosos. Idealizou a 'Justiça Distributiva' pela qual se deve dar a cada um o que é seu.

ARAÚJO, JOÃO VIEIRA DE
1884-1922
1. Professor da Faculdade de Direito do Recife e profundo conhecedor da teoria lombrosiana. Foi considerado, à época, pelos italianos, o mais conhecido representante da Criminologia brasileira. Escreveu *Ensaio de Direito Penal ou Repetições Escritas sobre o Código Criminal do Império do Brasil*, publicado em 1884.
2. "João Vieira de Araújo não ocupa, na intelectualidade brasileira, uma posição de relevo como a de Tobias Barreto; é superior a este, porém, pela extensão dos conhecimentos criminológicos referentes às obras publicadas pelos fundadores e continuadores da escola positiva." (CASTIGLIONE, 1962, p. 276)

ARISTÓTELES
384-322 a.C.
1. Aristóteles, na obra *A Política* sustenta que a miséria é a causa das rebeliões e dos crimes e que os delitos maiores são cometidos para adquirir não o necessário mas o supérfluo: "[...] a pobreza gera as discórdias e os crimes. [...] É para obter o supérfluo e não o necessário, que se cometem os grandes crimes". Na *Retórica*, estudou o caráter do delinqüente, sua tendência à reincidência e as circunstâncias atenuantes dos delitos, afirmando que o que leva o homem ao crime é a esperança da impunidade e a possibilidade de se corromper a magistratura.
2. Aristóteles, bem antes dos fisiognomonistas, sustentava que a assimetria facial e a exoftalmia ou seja, a exagerada saliência do globo ocular, eram características do delinqüente.

ARQUITETURA PRISIONAL

1. Vários estudos têm sido realizados visando melhorar o espaço físico interno dos estabelecimentos penais com o objetivo de possibilitar o tratamento, a recuperação e a ressocialização do preso.

2. "A arquitetura dos estabelecimentos penais, para o futuro, terá que produzir projetos, nos quais se observe que o fim de todos esses arranjos arquitetônicos é o homem, não um homem comum, mas um especial, pois o homem preso tem e terá maiores atenções do Estado, da sociedade e do próprio arquiteto, vinculando a construção da prisão moderna à recuperação do delinqüente, dando maior valor no projeto de um estabelecimento penal, para a escola, a biblioteca, o gabinete de observação psicológica, as oficinas, a granja, a clínica psiquiátrica, etc." (D'URSO, *Arquitetura Judiciária*, artigo, Doutrina n.5, Coordenação James Tubenchlak, Rio de Janeiro: Instituto de Direito, 1998, pp. 126-132)

3. "Defender a construção de presídios, desse modo, só se justifica como medida de última instância, emergencial e transitória, porque na verdade o político-criminalmente correto é a construção de mais escolas, mais creches, mais centros sociais, mais hospitais, mais centros de saúde e de lazer, etc." (GOMES, *Alternativas ao Caótico Sistema Penitenciário*, artigo, Doutrina, n.4, Coordenação James Tubenchlak, Rio de Janeiro: Instituto de Direito, 1997, pp. 222-224).

4. "Brissot traça, por exemplo, o plano de uma casa de correção perfeita, conforme o rigor de uma geometria que é ao mesmo tempo arquitetural e moral. Todo fragmento de espaço assume os valores simbólicos de um inferno social meticuloso. Dois dos lados de uma construção, que deve ser quadrada, serão reservados para o mal sob suas formas atenuadas: as mulheres e as crianças de um lado, os devedores do outro; a estes serão atribuídas 'camas e uma alimentação passáveis'. Seus quartos serão expostos ao sol e à suavidade do clima. Do lado do frio e do vento, serão colocadas 'as pessoas acusadas do crime capital', e com estes os libertinos, os agitados e todos os insensatos,

'perturbadores do descanso público'. As duas primeiras classes de correcionários executarão alguns serviços úteis ao bem público. Às duas últimas estão reservados trabalhos indispensáveis prejudiciais à saúde, e que muitas vezes as pessoas honestas são obrigadas a praticar." (FOUCAULT, 2002, p. 425) V. Panapticon.

ASSASSINATO EM MASSA
V. Homicídio em massa.

ASSASSINATO EM SÉRIE
V. Homicídio em série.

ASSASSINO DE WHITE-CHAPEL
Como era chamado Jack, o estripador.

ASSINATURA
1. Estilo pessoal do criminoso; repetição de um padrão de comportamento. Uma marca absolutamente pessoal que o delinqüente sempre deixa na vítima ou no local do crime.
2. Assinatura e *modus operandi* são expressões diferentes e que não se confundem. O *modus operandi* é o modo de agir. "*Modus operandi* se refere às técnicas que o criminoso emprega para cometer o crime; assinatura diz respeito a elementos que não são necessários para a consecução do crime; ambos utilizados pelos criminosos para satisfazer suas necessidades emocionais. Se um ladrão de bancos tapa as lentes de uma câmara de vigilância, isso é *modus operandi*. Se tem a necessidade de rasgar suas roupas e dançar nu diante da mesma câmara, isso é assinatura; não o ajuda a cometer o crime – de fato, nesse caso, o prejudica – mas trata-se de algo que ele tem que fazer para experimentar satisfação emocional. [...] Embora o *modus operandi* evolua a cada crime nos assassinatos em série, a assinatura ou aspectos ritualísticos permanecem os mesmos, apenas ficando mais elaborados com o passar do tempo..." (DOUGLAS; OLSHAKER, 2002, pp. 55, 79). 3. "A 'assinatura' é sempre única, como uma digital, e está ligada à necessidade do serial em cometer o crime. Eles têm necessidade de expressar suas violentas fantasias, e quando atacar, cada crime terá sua expressão pessoal ou ritual par-

ticular baseado em suas fantasias. Simplesmente matar não satisfaz a vontade do transgressor, e ele fica compelido a proceder a um ritual completamente individual". (CASOY, 2004, p. 48)

4. "A assinatura é única, como uma digital, e está ligada à necessidade psicológica do criminoso. Diferente do *modus operandi*, a assinatura de um *serial killer* nunca muda. Ela pode aparecer através de uma ordem específica dos fatos, tipos de amarração da vítima, tipos de ferimentos, disposição peculiar do corpo, comportamento ritual entre outros". (CASOY, Artigo. Boletim Informativo Nufor – Núcleo de Estudos e Pesquisas em Psiquiatria Forense e Psicologia Jurídica do Instituto de Psiquiatria do Hospital das Clínicas da Faculdade de Medicina da Universidade de São Paulo. Ano 2, nº 1).

ATAVISMO

1. Herança remota. Caracteres herdados de ascendentes remotos que podem não se manifestar nas gerações intermediárias. Partiu de Darwin o conceito de atavismo. No entanto, Álvaro Mayrink da Costa (2005, p. 135), afirma: "Deve-se a Lucas (1805-1885) a formulação do conceito de *atavismo* e a Virgilio (1836-1907) através de sua obra '*Sulla natura morbosa del delito*', a expressão *criminoso nato* usada na pesquisa antropológica de 276 condenados, apontando como dados anomalias congênitas, estigmas corporais, enfermidades orgânicas e neurológicas".

2. Lombroso, através de exames efetuados nos presos e de necropsias, identificou nos criminosos estigmas físicos e psíquicos. Os estigmas físicos seriam: saliência da arcada superciliar, fronte fugidia, prognatismo, maxilar inferior procidente, molares muito salientes, orelhas grandes e deformadas, fartas sobrancelhas, etc. Como sinais psíquicos apontava: pouca sensibilidade à dor, crueldade, instabilidade, precocidade sexual, etc. Enrico Ferri, em seu livro intitulado *Sociologia Criminal*, contestou a teoria lombrosiana afirmando que os fatos geradores do crime são de natureza moral, econômica, racial, política e, principalmente, de natureza educacional.

3. "Mas quem daria aval científico e moral para essa tese seria Cesar Lombroso, médico italiano, que com seus discípulos Ferri e Garofalo desenvolveu a teoria que relacionava o crime com características corporais: existia um tipo antropológico distinto que sinalizava o criminoso nato. Um indivíduo propenso a praticar determinados crimes, e não um doente (que se podia curar) ou um culpado (que se podia castigar). Deste modo, definiram não só os sinais físicos (exemplo: nariz torcido, molares salientes, estrabismo), mas também os sinais psíquicos, como ausência de sensibilidade moral, manifestações de vaidade, etc. O criminoso seria um tipo atávico, isto é, um indivíduo no qual haveria uma regressão ao Homem primitivo ou, mesmo, a formas pré-humanas." (MIR, 2004, p. 458)

AUBURDIANO
V. Sistema Penitenciário Auburdiano.

AUTOCÍDIO
O mesmo que suicídio. Propricídio.

AVIÕES
(Gír.) Como são denominadas as pessoas, geralmente crianças ou pré-adolescentes, usadas para o tráfico de drogas.

AVISOS RÉGIOS
V. Cartas Régias.

AYAHUASCA
O chá, conhecido como ayahuasca, é feito com o cipó mariri e o arbusto chacrona da floresta amazônica. Seus usuários afirmam que o chá pode ampliar os estados de consciência, possibilitando-lhes aproximarem-se de Deus. O uso do chá, no Brasil, foi permitido pelo CONAD – Conselho Nacional Antidrogas.

B

BAFÔMETRO
Aparelho capaz de detectar a presença de álcool no organismo das pessoas. Esse aparelho foi inventado por Aymar Batista Prado, do Departamento de Toxicologia e Farmacologia da Faculdade de Farmácia da USP, de Ribeirão Preto-SP. (SANTOS, José, 1987, p. 3).
V. Alcoolemia.

BAGULHO
1. (Gír.) O mesmo que droga.
2. "Os traficantes perceberam isso muito claramente em relação a Tim. Por isso deram à morte dele um caráter exemplar. Para os jornalistas deixarem de meter o nariz onde não eram chamados, prejudicando a venda da *farinha*, já que quando a barra fica pesada a circulação do *bagulho* diminui consideravelmente, prejudicando a *parada*, porque os *aviões* não podem transitar com desembaraço, o que deixa o *patrão* desconfiado. (SOUZA, Percival, 2002, p. 61)

BANIMENTO
V. Pena de banimento.

BALÍSTICA

1. Ramo da física que estuda o movimento dos projéteis.

2. "Balística é o ramo da física que estuda o comportamento e os efeitos mecânicos produzidos por projéteis. São três grandes grupos: a balística interior, que estuda os fenômenos que ocorrem dentro da arma de fogo até sua saída pelo cano; a balística exterior, que estuda os fenômenos desde a saída do cano até o objetivo; e a balística das lesões, que estuda os fenômenos produzidos pelos projéteis no alvo." (MIR, 2004, p. 687)

BAZUCA

Droga derivada da cocaína. A 'bazuca' é a mistura da cocaína com sulfato.

BECCARIA
1738-1794

1. Cesare Bonesana, conhecido como Marquês de Beccaria, nasceu em Milão, em 1738. Foi duramente perseguido pelo pai que o levou à prisão. Injustamente preso pôde ver e sentir o horror da vida no cárcere.

2. *Dei Delitti e delle Pene*, sua mais importante obra, foi escrita em 1764. Beccaria (2001, p. 133) posicionou-se contra a justiça criminal da sua época apregoando, em síntese: a) as penas devem sempre estar previstas na lei e devem ser proporcionais ao delito; b) somente a lei pode fixar as penas dos delitos e o magistrado não pode aplicar penas que não estejam estipuladas na lei; c) somente o legislador pode fazer leis e somente o juiz pode julgar o criminoso; d) o acusado não pode ser considerado culpado antes da sentença condenatória proferida por um juiz; e) é melhor prevenir crimes que puni-los, etc. Prega, na conclusão dessa obra: "para que a pena não seja a violência de um ou de muitos contra o cidadão particular, deverá ser essencialmente pública, rápida, necessária, a mínima dentre as possíveis, nas dadas circunstâncias ocorridas, proporcional ao delito e ditada pela lei".

BENTHAM, GÉRÉMIE
1748-1832

Gérémie Bentham ou Jeremy Bentham, juntamente com Howard, de quem era discípulo, denunciou o horror das pri-

sões européias do século XVIII propondo reformas no sistema legal e penal da Inglaterra. O *Panopticon*, estabelecimento penal voltado para a reeducação dos criminosos, foi idealizado por Bentham. É considerado o primeiro psicólogo criminalista. "Estudou os instintos, as tendências, as paixões, os sentimentos, as decisões e os atos voluntários, em relação ao crime, como um sistema de psicologia criminal." (SALDAÑA, 2003, p. 203). É de Bentham a Filosofia Utilitarista pela qual o maior bem-estar deve ser estendido ao maior número de pessoas. Bentham escreveu *Teoria das Penas e das Recompensas*.
V. Panopticon e Howard, John.

BERTILLONNAGE
V. Antropometria Judicial.

BICHEIROS
V. Jogo do Bicho.

BIOLOGIA CRIMINAL
1. A Biologia Criminal ou Antropologia Criminal na opinião de vários autores como Bento de Faria, Magalhães Noronha, Basileu Garcia e Aníbal Bruno compreende a Antropologia, a Psiquiatria, a Psicanálise, a Psicologia e a Genética Criminais. À Biologia Criminal interessam os aspectos genéticos da pessoa do delinqüente. Seus estudos abrangem os aspectos anatômicos, fisiológicos, patológicos e a bioquímica do criminoso. (SANTOS, José, 1987, p. 14).
2. Para Magalhães Noronha (1963, v. I, p. 18), a Biologia Criminal "tem por finalidade, com o estudo dos caracteres fisiopsíquicos do delinqüente, em conjunto com a influência externa, esclarecer a gênese do criminoso".
3. "Também Exner [...] defendia a existência de um ramo do saber, intitulado Biologia Criminal, que se ocuparia do estudo do sujeito e do seu contexto, vendo não só as condições físico-fisiológicas do criminoso, mas também do seu meio ambiente, como é o caso do clima." (MIR, 2004, p. 459)
V. Antropologia Criminal.

BIONTOLOGIA CRIMINAL
V. Biotipologia Criminal.

BIOTIPOLOGIA CRIMINAL

A Biotipologia ou Biontologia Criminal é a ciência que estuda as constituições, os temperamentos e os caracteres do criminoso. É a classificação dos criminosos em tipos (morfológicos, fisiológicos, psicológicos, genéticos). Leonídio Ribeiro define a Biotipologia Criminal como sendo a ciência que estuda as diferenças individuais diante do fenômeno criminal ou: "ciência da personalidade; ciência que estuda as unidades biológicas, os indivíduos nas suas peculiaridades, nos seus característicos próprios, genuínos, independentemente uns dos outros".

2. O vocábulo Biotipologia foi criado pelo endocrinologista Nicola Pende, em 1922. A expressão 'Biotipologia Criminal', no entanto, é atribuída a Waldemar Berardinelli e a J.I. Mendonça, colaboradores de Leonídio Ribeiro.

BIRRA

Maconha.

BOCA DE FUMO

(Gír.) Ponto de venda de drogas.

BONDES

1. (Gír). Veículo usado para transportar presos. "Veículo de transferência de presos entre penitenciárias e fóruns." (JOZINO, 2005, p. 273)

2. "Com esse poder de fogo, organizam *bondes*, verdadeiros comboios de traficantes, para atacar e eliminar concorrentes. [...] Os *bondes* espalharam-se pelas ruas do Rio de Janeiro em ações variadas, como roubo de automóveis, tiros em viaturas e cabines da Polícia Militar, e um atentado – tiros de fuzil e granadas – contra o prédio onde ficam a Secretaria dos Direitos Humanos e a sede do departamento do Sistema Penitenciário." (SOUZA, Percival, 2002, p. 66)

BOTTOM MEN

1. Do inglês *bottom*: a parte mais baixa.

2. Como são chamados os soldados rasos ou os que estão na base da estrutura da máfia americana denominada *La Cosa Nostra* (LCN) ou Sindicato do Crime. Essas pessoas são também conhecidas por *picciotti*.

3."Nos Estados Unidos a organização é bem hierarquizada. A estrutura do poder é vertical, mas caminhando num desenho chamado de 'piramidal'. Na base estão os soldados, ou *bottom men* (homens do fundo) e no vértice se encontra o *capo*." (ARBEX JÚNIOR; TOGNOLLI, 2004, p. 52)
V. Soldados da Máfia e Picciotti.

BROCA, PAUL
1824-1880
Broca, médico neurologista e patologista francês, estudou o cérebro e as funções da linguagem. Acreditava que os delinqüentes são portadores de anomalias cerebrais.

BROWN SUGAR
'Heroína 3'. Mistura em que entram 35% de heroína. (SANTOS, José, 1987, p. 14)

C

CACETEIROS

1. Bandidos.
2. "Tipos facínoras que praticavam, nos tempos coloniais, todo tipo de crime de natureza política, a mando dos chefes políticos. O mesmo que 'Capoeiras', 'Cerca-Igrejas', 'Acoitados', 'Cabras', 'Capanga'." (SANTOS, José, 1987, p. 15)
3. "Os capoeiras, 'bailarinos da rasteira e do berimbau' considerados 'malfeitores' durante o Império [...], continuaram sendo tratados como marginais depois da proclamação da República. (CARVALHO FILHO, 2002, p. 41)

CALABOUÇO

1. Prisão, masmorra.
2. "Possuíam também um recinto especial, o calabouço, destinado a abrigar escravos fugitivos e entregues pelos proprietários à autoridade pública, em depósito, ou para que recebessem a pena de açoite." (CARVALHO FILHO, 2002, p. 39).

CAMORRA

1. Máfia italiana. A organização criminosa italiana, denominada *Camorra*, nasceu na Campânia, região de Nápoles, Itália. Controla a região agrícola e industrial do interior de Nápoles agregando 145 clãs e 7.000 membros. Suas atividades principais são o tráfico de drogas, extorsões, financiamentos ilícitos, contrabando de cigarros, loterias clandestinas.
2. "Nasce e se desenvolve durante o reino dos Bourbons em Nápoles, enquanto na região da Campânia as primeiras agregações criminais se evidenciam nos primeiros decênios de 1900. Nascida como fenômeno criminoso substancialmente individualista, a Camorra assumiu o aspecto de criminalidade organizada no final da década de 60, em razão da necessidade de se servir de uma estrutura eficiente para gerir o contrabando de tabaco, que requeria o emprego de uma multiplicidade de pessoas e meios." (PELLEGRINI; COSTA JÚNIOR, 1999, p. 43).
3. Paolo di Lauro, um dos principais líderes da *Camorra*, foi preso na madrugada de 16.09.05. Conhecido como Ciruzzo, o milionário, é um dos trinta criminosos mais perigosos da Itália. As autoridades italianas afirmam que a organização Di Lauro é responsável pelo tráfico de heroína e cocaína provenientes da Turquia e da América do Sul. Calcula-se que Di Lauro obtinha lucros diários de cerca de quinhentos mil euros com o tráfico de armas, drogas, prostituição, extorsão e apostas ilegais. Di Lauro liderou, por vários anos, sangrenta guerra contra alguns dos antigos membros da Camorra acusados de tomar dinheiro da família e de formar novo grupo chamado secessionistas. Atualmente os dois clãs disputam o controle do tráfico de drogas nos bairros da periferia de Nápoles. De 2004 a 2005 foram registrados cento e trinta homicídios na região relacionados com a guerra entre a família Di Lauro e os secessionistas.

CANGAÇO

O cangaço, que surgiu no final do século XIX, no sertão nordestino brasileiro, pode ser considerado como antecedente da criminalidade organizada no Brasil.

CARRARA, FRANCESCO
1805-1888

A moderna ciência penal do direito italiano nasceu com Francesco Carrara que foi o expoente máximo da Escola Clássica. Carrara escreveu *Programma del corso di Diritto Criminale*. Os princípios, difundidos por ele, foram as pilastras da Escola Clássica de Direito Penal. Esses princípios, em síntese, são: a) o delito é um ente jurídico; b) a ciência do Direito Penal é uma ordem de razões emanadas da lei moral jurídica; c) a tutela jurídica é o fundamento legítimo de repressão e seu fim; d) a qualidade e quantidade de pena, que é repressiva, devem ser proporcionadas ao dano que se ocasionou com o delito ou o perigo ao Direito; e) a responsabilidade criminal se baseia na imputabilidade moral, desde que não exista agressão ao direito, se não procede de vontade livre e consciente; f) o livre-arbítrio não se discute, é aceito como dogma, pois sem ele a ciência penal careceria de base. (COSTA, 2005, p. 122)

CARTAS RÉGIAS

1. Cartas fechadas, muito usadas na França, continham ordem expressa do príncipe determinando o exílio ou a prisão de alguém.
2. "Uma conseqüência da situação de respeito é a não-defesa, a perda transitória do direito de não detenção. É o sistema dos *avisos régios*, contra o qual a Revolução levanta seu grito de protesto. Esses *avisos* eram ordens assinadas pelo príncipe, escritas em cartas fechadas, cujo fim era, freqüentemente, o de enviar alguém para o exílio, raptá-lo e constituí-lo prisioneiro. [...] O protesto unânime contra os *avisos régios* eleva-se pela voz de Linguet em 1772, pela de Mirabeau em 1782. O próprio clero, segundo Tocqueville, se insurgiu contra o seu uso. Depois da declaração do rei, lida nos estados gerais (23.6.1789), são finalmente abolidos na França pela Assembléia Constituinte, a 20 de março de 1790. Esses avisos eram muitas vezes empregados [...] contra os moços, filhos rebeldes e mesmo contra os loucos e semiloucos, como medidas de

segurança." (SALDAÑA, 2003, p. 82)

3. "É sabido que o século XVII criou vastas casas de internamento; não é muito sabido que mais de um habitante em cada cem da cidade de Paris viu-se fechado numa delas, por alguns meses. É bem sabido que o poder absoluto fez uso das cartas régias e de medidas de prisão arbitrárias. [...] em Saint-Théodore há 41 prisioneiras por cartas régias." (FOUCAULT, 2002, pp. 48, 82) V. Lettre-de-cachet.

CARTOGRAFIA
Mapeamento do crime.

CEMITÉRIO DOS VIVOS
1. Como é chamado o Centro de Readaptação Penitenciária – CRP – de Presidente Bernardes anexo de Segurança Máxima.

2. "A fim de isolar os chefes das organizações criminosas, o governo estadual construiu uma cadeia diferenciada, projetada para monitorar o preso 24 horas, deixando-o isolado, sem qualquer contato com o mundo exterior. Assim é o Centro de Readaptação Penitenciária (CRP) de Presiden-

te Bernardes. Para seus 'hóspedes', o CRP é o 'Cemitério dos vivos'." (JOZINO, 2005, p. 189)

CERCO
1. Corpo Especial de Repressão ao Crime Organizado. Órgão criado pela Polícia de São Paulo.

2. "Nos anos 80, a Polícia de São Paulo criou um órgão, natimorto, chamado *Cerco*. Seria uma fragmentação de suas unidades operacionais, o Corpo Especial de Repressão ao Crime Organizado, montado em cada uma das delegacias seccionais. Em tese, cada conjunto de grandes bairros teria essa espécie de administração policial para, atentamente, acompanhar a estrutura do crime nas variadas formas, cadastrando nomes, endereços, fotografias, retratos-falados, modos de agir – tudo para facilitar as investigações. O Cerco nunca conseguiu deixar de ser embrião. Depois, quando os bandidos foram preenchendo ininterruptamente os espaços vazios, essa mudança de estrutura da Polícia foi ocorrendo de forma apenas setorizada. A Polícia Federal, no mesmo estilo, criou a sua delegacia para cuidar especificamente do crime orga-

nizado." (SOUZA, Percival, 2002, p. 135)

CDDPH
Conselho de Defesa dos Direitos da Pessoa Humana.

CHUMBOS
1. Prisão situada em Veneza, Itália, conhecida pelas torturas infligidas aos prisioneiros.
2. "A prisão de Veneza, designada pelo nome de *Chumbos*, tornou-se um símbolo do esquecimento do homem sob o horror penitenciário da época." (SALDAÑA, 2003, p. 89)

CIÊNCIA POLICIAL
V. Criminalística.

CIÊNCIA PENITENCIÁRIA
1. Ciência que estuda os aspectos sociais da pena tendo como objetivo o exame da personalidade do condenado e seu tratamento.
2. "...Foi assim que nasceu mais tarde uma antropologia penitenciária filantrópica, chamada *Ciência penitenciária*, cuja finalidade prática era a correção moral do prisioneiro. Ciência falsa, *cardíaca*, espécie de *chorão* das prisões, que arrastou

através da Europa e da América o lúgubre cortejo dos seus congressos laborando num erro". (SALDAÑA, 2003, p. 91)

CIÊNCIAS CRIMINOLÓGICAS
As ciências criminológicas, também chamadas ciências penais são a Antropologia Criminal, a Biologia Criminal, a Psiquiatria Criminal e a Sociologia Criminal. Esta classificação foi adotada pelo II Congresso Internacional de Criminologia realizado em Paris, em 1950. Roberto Lyra, Afrânio Peixoto, Leonídio Ribeiro, Magalhães Noronha, Anibal Bruno e Basileu Garcia adotaram a classificação do II Congresso Internacional de Criminologia. Seelig, por sua vez, acrescenta, a essa relação, a Fenomenologia Criminal, a Etiologia Criminal e a Psicologia Criminal.

CIÊNCIAS PENAIS
V. Ciências Criminológicas.

CIFRA DOURADA DA CRIMINALIDADE
"...a cifra dourada representa a criminalidade do 'colarinho

branco', definida como práticas anti-sociais impunes do poder político e econômico (a nível nacional e internacional), em prejuízo da coletividade e dos cidadãos e em proveito das oligarquias econômico-financeiras (...): os caracteres sociais do sujeito ativo (alto *status* sócio-econômico), a modalidade de execução do crime (no exercício de atividades econômico-empresariais ou político administrativas), conjugados às complexidades legais, às cumplicidades oficiais e à atuação de tribunais especiais, explicam a imunidade processual e a inexistência de estigmatização". (SANTOS, Juarez, 1981, p. 11)

V. Crime do Colarinho Branco.

CIFRA NEGRA DA CRIMINALIDADE

1. Delinqüência oculta. É a porcentagem de crimes que não chega ao conhecimento das autoridades.

2. "...a cifra negra representa a diferença entre a *aparência* (conhecimento oficial) e a *realidade* (volume total) da criminalidade convencional, originada de fatos criminosos não identificados, não denunciados ou não investigados (por desinteresse da polícia, nos crimes sem vítima, ou por interesse da polícia, sob pressões do poder econômico e político), além das limitações técnicas e materiais dos órgãos de controle social: a cifra negra afeta toda criminalidade, desde os crimes sexuais (cujos registros não excedem a taxa de 1% da incidência real) até o homicídio (disfarçado em rubricas como 'desaparecimentos', 'suicídios', 'acidentes', etc.)". (SANTOS, Juarez, 1981, p. 9)

3. "Essa 'cifra negra' é uma das responsáveis pela falta de legitimidade do sistema penal vigente no Brasil, pois uma quantidade ínfima de crimes chega ao conhecimento do Poder Público, e desta, uma grande parte não recebe nenhuma resposta por parte do Estado." (CALHAU, *Vítima, Justiça Criminal e Cidadania o Tratamento da Vítima como Fundamento para uma efetiva cidadania*. Artigo. *Vitimologia do Terceiro Milênio*, Coordenação Elida Séguin, Rio de Janeiro: Forense, 2004, p. 60).

COAF

Conselho de Controle de Atividades Financeiras. Órgão criado pela Lei Federal nº 9.613, de 3 de março de 1998, subordinado ao Ministério da Fazenda "com a finalidade de disciplinar, aplicar penas administrativas, receber, examinar e identificar as ocorrências suspeitas de atividades ilícitas previstas nesta Lei, sem prejuízo da competência de outros órgãos e entidades". A Lei nº 9.613/98, além de determinar a criação do COAF dispõe sobre os crimes de lavagem ou ocultação de bens, direitos e valores; sobre a prevenção da utilização do sistema financeiro para os atos ilícitos previstos nessa lei. A Lei nº 10.701, de 9 de julho de 2003, altera e acrescenta dispositivos à Lei 9.613/98.

V. Lavagem de Dinheiro.

COCAÍNA

1. Droga extraída das folhas da planta denominada coca (*Erythroxylum coca*) é o mais forte estimulante cortical de origem natural. A cocaína, ou benzoilmetilecgonina, é um éster do ácido benzóico e da melilecgonina e de uma base contendo nitrogênio. Produzida em laboratório, entre 1858 e 1860, pelo químico e farmacêutico Albert Niemann, sua fórmula, $C17H21O4$, foi estabelecida por Wilhelm Lossen em 1862. William Stewart Halsted, conhecido como o pai da cirurgia moderna, foi o primeiro médico a aplicar a cocaína como anestésico local. "O éter e a cocaína foram (entre outras) as primeiras substâncias anestésicas usadas em cirurgia pela medicina moderna." (MIR, 2004, p. 503). Em virtude do seu alto custo, a cocaína muitas vezes é misturada ao talco, amido, açúcar, bórax, etc. O modo mais comum de uso é através da aspiração nasal e por via endovenosa, subcutânea e intramuscular. Suas folhas podem ser mastigadas e o cloridrato de cocaína pode ser friccionado diretamente nas gengivas podendo, ainda, ser fumada por meio de um pequeno cachimbo. A droga provoca dependência psicológica e física. O usuário pode apresentar sintomas psicóticos como desorientação, alucinação, conduta esteriotipada, idéias paranóides, etc. A paranóia e a extrema

excitabilidade podem levar o cocainômano a cometer atos irracionais e violentos. "Seu efeito sistêmico mais intenso é a estimulação do sistema nervoso central, atingindo primeiramente o córtex. A ação da cocaína sobre o bulbo acarreta taquipnéia. Em concentração elevada, a droga é capaz de causar ciclopegia. A cocaína tem propriedade de potencializar tanto as reações excitantes como as reações inibidoras de órgãos inervados por intermédio do sistema nervoso simpático. Interferindo na captação dos humores neurais pelas terminações nervosas, a cocaína é o único anestésico local a propiciar sensibilização relativamente à adrenalina e à noradrenalina." (FERNANDES, N.; FERNANDES, V., 2002, p. 693)

2. A coca é cultivada principalmente na Bolívia, Peru e Colômbia. Na Colômbia, país que mais produz e exporta cocaína, as Farc participam de todas as fases do negócio isto é: plantam, fabricam, transportam e vendem a droga. Esse país produziu, no ano de 2005, cerca de 450 toneladas de coca. A tonelada chega a custar US$ 25 milhões e, no exterior, US$ 60 milhões. "A Direção Nacional de Entorpecentes constatou que, nas zonas de produção, o quilo de cocaína pura é vendido entre US$ 1,5 mil e US$ 3 mil, dependendo da região. Considerando que as Farc controlam 70 % da produção de cocaína do país, que no ano passado ficou entre 420 e 450 toneladas, a receita bruta por ela obtida com esse negócio está na faixa entre US$ 441 milhões e US$ 945 milhões. [...] Pelo cálculo mais modesto, as Farc teriam um décimo disso para se equipar contra as Forças Armadas Colombianas. Pelo mais generoso, mais de um quinto." (O Estado de S. Paulo, 11.06.06, A14)

3. O Brasil é o terceiro maior consumidor de drogas do mundo. "A Colômbia é o país de origem de 60% da cocaína que chega ao Brasil. Outros 30% vêm da Bolívia e 10% , do Peru. O Brasil é, por sua vez, o segundo maior destino da cocaína colombiana, com 13% das remessas, depois da Espanha. Mas boa parte dessa cocaína está apenas de passagem para a Europa. Antes de chegar ao destino fi-

nal, em muitos casos, a droga ainda passa pela África, especialmente Nigéria e outros países em torno do Golfo da Guiné. Não que o Brasil também não tenha sua demanda. Os brasileiros são os maiores consumidores de cocaína da América Latina, tanto em volume total como per capita." (SANT'ANNA, O Estado de S. Paulo, 11.06.06, caderno A, p. 15)

4. "A atitude dos conquistadores espanhóis ao tomarem conhecimento do uso das folhas de uma planta chamada coca pelos nativos foi ambígua. [...] Se de um lado queriam impor aos subjugados a religião católica, de outro temiam resistência dos mesmos ao trabalho nas minas, nas plantações ou em outras partes se lhes eliminassem o persistente símbolo da idolatria Inca. Prevaleceu a última consideração, o cultivo da planta, seu uso e distribuição foram permitidos e até encorajados, como meio de explorar economicamente o povo vencido." (VIEIRA, 2004, p. 74)

COCALEIROS
Plantadores de coca.

CÓDIGO PENAL
Franz Von Liszt chamou o Código Penal de 'Carta Magna do Delinqüente' pela segurança que essa lei dá à pessoa de que só será processada e julgada pelo crime ali previsto: O Código Penal "é a magna carta do delinqüente, isto é, a garantia, para os que se rebelam contra o Estado e a Sociedade, de uma punição segundo certos pressupostos e dentro dos precisos limites legais".

COMANDO VERMELHO
Organização criminosa nascida no presídio de Ilha Grande, no Rio de Janeiro, em 1970. Comandada por líderes do tráfico de substâncias entorpecentes, tem atuação criminosa diversificada.

COMPUTER CRIME
V. Crime informático.

CONDUTA DESVIADA
1. A idéia de conduta desviada introduziu-se na Criminologia através da teoria interacionista dando lugar à Criminologia da Reação Social ou Interacionista.
2. "Conduta desviada, desviante ou divergente, como se queira, é toda aquela contra a qual

se opõem quaisquer das sanções sociais, sejam estas obrigatórias, facultativas ou meramente preceptivas. Assim, cabe à Criminologia o estudo do racismo, da homossexualidade, das torturas, dos ataques contra a liberdade e de todos os atos anti-sociais que ameacem ou violem os direitos humanos." (LYRA; ARAÚJO JÚNIOR, 1988, p. 202)

3. "Desviado será um comportamento concreto na medida em que se afaste das expectativas sociais em um dado momento, enquanto contrarie os padrões e modelos da maioria social." (GOMES; MOLINA, 2000, p. 62)

CONTÁGIO MORAL

1. Mimetismo. Influência perniciosa exercida principalmente sobre crianças e jovens pelo cinema, televisão, rádio, literatura, etc. A teoria do Contágio Moral foi desenvolvida por Paul Aubry (1858-1899). De acordo com essa teoria, exposta em sua obra *La contagion du meurtre*, pessoas predispostas, em permanente contato com criminosos, são conduzidas à criminalidade por imitação.

Numerosos são os autores que vêem na imitação uma das causas da criminalidade. Ferri, por exemplo, lembra que o romancista francês Émile Gaboriau exerceu grande influência sobre as pessoas através de seus livros. Gabriel Tarde acreditava que o crime era resultado de influências sociais e afirma, nas *Leis de Imitação*, que a delinqüência é fenômeno social e que o motor ou alavanca que ativa o conglomerado social é a imitação.

2. "A sugestão dos romancistas é ético-afetiva: 'Indiana', de George Sand; as obras de Vargas Villa, entre tantas, podem servir de exemplo. Exemplo clássico, o de Goethe e seu 'Werther', que provocou, à ocasião em que foi lançado, mais de 30.000 suicídios só na Alemanha. Mme. de Staël deu o nome de werterite a essa avalancha de autocídios. C. Nodier, citado por Carlos de Laet, escreveu que 'a pistola de Werther fez tantas vítimas quanto o cutelo do algoz'." (TEIXEIRA, RT 315, p. 396)

CONTÁGIO CARCERÁRIO

1. "O contágio não é só a transmissão de doença de um

indivíduo a outro por contato, mediato ou imediato, mas é também, por extensão, a transmissão de males ou vícios. É exatamente neste último sentido (transmissão de males ou vícios) o contágio que se verifica na prisão, entre presos que apresentam real periculosidade e os que não a possuem (delinqüentes ocasionais, personalidades não delinqüenciais)." (SANTOS, José, 1987, p. 28)

2. A conhecida 'febre das cadeias' era provocada "pela promiscuidade a que se relegavam os presos em ambientes absolutamente sem higiene, nas cadeias, agravada pela subnutrição, mau tratamento e falta de assistência. Normalmente grassava nos navios destinados a transportes de presos, no século XVIII, das metrópoles às colônias". (SANTOS, José, 1987, p. 66)

3. "Se há um médico no Hospital Geral, não é porque se tem consciência de que aí são internados doentes, é porque se teme a doença naqueles que já estão internados. Teme-se a famosa 'febre das prisões'. Na Inglaterra, gostavam de citar o caso dos prisioneiros que tinham contaminado seus juízes durante as sessões do tribunal; lembrava-se que os internos, após a libertação, haviam transmitido a suas famílias o mal contraído nas prisões. [...] Toda a cidade de *Axminster*, no Devonshire, teria sido contaminada desse modo no século XVIII." (FOUCAULT, 2002, p.115, nota n° 11)

CORDÉIS

"Quando acabaram de vestir a roupa de viagem, levaram-nos aos grupos de vinte ou trinta para outro canto do pátio, onde os esperavam os *cordéis* estendidos no chão. Os cordéis eram longas e fortes correntes cortadas transversalmente de duas em duas polegadas, em cuja extremidade havia uma coleira quadrada que se abre por meio de uma dobradiça feita num dos ângulos e que se fecha no ângulo oposto por uma cavilha de ferro, envolvendo durante toda a viagem o pescoço do condenado. Quando estão estendidas por terra, essas correntes parecem a espinha de um grande peixe." (HUGO, 2005, p. 40)

COSA NOSTRA

1. A *Cosa Nostra* nasceu na Sicília. É a principal e mais poderosa organização criminosa italiana. Foi denominada, anteriormente, *I Carbonari* e *I Beati Paoli*. A *Cosa Nostra* possui, hoje, cerca de 180 clãs, ou grupos criminosos, 5.550 *uomini d'onore* e 3.500 soldados (filiados). Sua principal sede está localizada na ilha operando, contudo, no território da grande maioria dos Estados italianos. Tem estrutura piramidal e grande poder de infiltração no campo político e empresarial. Seu símbolo, na Itália, é o polvo (**la piovra**).

2. "...é a responsável pela maior parte dos homicídios tidos como 'excelentes' na história italiana. Entre eles, destacam-se os dos juízes Falcone (na carnificina de Capaci em que morreram cinco pessoas) e Borsellino (na carnificina de via D'Amélio em que morreram seis pessoas), do prefeito de Palermo, General Dalla Chiesa, do presidente da Região Siciliana Mattarella e do deputado La Torre". (PELLEGRINI; COSTA JUNIOR, 1999, p. 15)

3. "A organização tinha inicialmente como ideal a defesa e a independência da Sicília, cuja população se sentia marginalizada e abandonada pelos governos estrangeiros e de Roma. Por isso ditava a lei na ilha e até as pessoas que nada tinham a ver com essa organização acostumaram-se a considerar a justiça e a lei da *Cosa Nostra* como algo acima daquelas do Estado." (SILVA, 2003, p. 21)

COSA NOSTRA AMERICANA

La Cosa Nostra. A máfia ítalo-americana, conhecida pela sigla LCN ou 'Sindicato do Crime', é a mais famosa organização criminosa dos Estados Unidos. Surgiu com a imigração de algumas famílias da *Cosa Nostra* italiana para os Estados Unidos e conta, atualmente, com vinte e cinco 'famílias' distribuídas por todo o país e com cerca de mil e trezentos agregados. As 'famílias' estão instaladas nas principais cidades americanas. Residem e operam em Nova York as famílias Bonanno, Colombo, Gambino, Genovese e Lucchese. Essa organização criminosa é responsável pela prostituição, extorsão, tráfico de drogas, armas e pelo contrabando de diversos produtos.

CRACK

1. O crack é a mistura de cloridrato de cocaína com bicarbonato sódico, potássio ou amoníaco. Por ter preço inferior ao da cocaína pura tornou-se muito consumido nos Estados Unidos e no Brasil. De efeitos mais nocivos que a cocaína pura, o Crack causa dependência física e psíquica. O usuário, freqüentemente, desenvolve tendência suicida.

2. "...A tal ponto que, no domínio dos morros, preferidos pela única razão de que as edificações neles construídas são *bunkers* impenetráveis, decidiu-se que as pedras de *crack*, droga de alta concentração e toxicidade, mistura de cocaína, bicarbonato de sódio, etc., jamais seria admitida. Primeiro, porque destrói os usuários rapidamente. Atrás deles vêm os ladrões, indesejáveis entre traficantes (na cadeia, os dois grupos gastam muito tempo discutindo quem é bandido de verdade). Além do que, definiram, a entrada de drogas sintéticas seria ameaça grave para os investimentos na cocaína em pó". (SOUZA, Percival, 2002, p. 49)

CRACKERS

1. Do inglês: maluco, doido. O termo é usado para designar os criminosos cibernéticos que disseminam vírus danosos para *softwares* causando dano ao patrimônio de outrem por mera diversão ou, para testar a eficiência de sua 'criação' sem qualquer objetivo financeiro. (FELICIANO, 2001, p. 33) V. Hackers.

CRIME

1. A definição jurídica de crime, em razão da sua instabilidade, nunca contentou os criminologistas. O conceito de crime varia no tempo e no espaço. A Criminologia vem buscando, desde a sua origem, um conceito que seja válido em todo lugar e em qualquer tempo permitindo-lhe trabalhar com segurança sabendo, contudo, que um conceito desprovido de valorações normativas é muito difícil de ser alcançado.

2. "Inexiste '*delito criminológico*'. O conceito de delito fornecido pelo Direito Penal é o ponto referencial de operacionalidade da Criminologia. Sem dúvida que esta e aquele trabalham com conceitos distintos. À Cri-

minologia conta a intolerabilidade social do comportamento desviado (*deviante behavior*) avaliando a necessidade ou não do controle social normativo-formal, ditado pelo Direito Penal mínimo. A Criminologia não é uma ciência exata capacitada a explicar o fenômeno delito através de leis universais e do estudo do nexo de causalidade, bem como não pode ser concebida como uma '*mera central de informações ou banco de dados*' (*clearing*), é uma ciência prática dirigida à realidade macrossocial." (COSTA, 2005, p. 121)

3. "Que a Criminologia e o Direito Penal operam com conceitos distintos de delito parece óbvio. Prova disso é que a primeira se ocupa de fatos irrelevantes para o Direito Penal (*v.g.*, o chamado 'campo prévio' do crime, 'a esfera social' do infrator, a 'cifra negra', condutas atípicas, porém de singular interesse criminológico como a prostituição ou o alcoolismo, etc.); de outro lado, ocupa-se também de certas facetas e perspectivas do crime que transcendem à competência do penalista (*v.g.*, dimensão coleti-va do crime, aspectos supranacionais, etc.) E, ademais, o diagnóstico jurídico penal de um fato pode não coincidir com sua significação criminológica (assim, por exemplo, certos comportamentos como a cleptomania ou a piromania que, para o Direito Penal, têm uma caracterização puramente patrimonial e que merecem do criminólogo outra leitura, muito mais realista e sutil, de acordo com o conjunto biológico e motivacional daqueles)." (GOMES; MOLINA, 2000, p. 63)

4. "Vejam-se por exemplo as posições, relativas ao conceito de crime, do Jurista, do Filósofo, do Psicólogo. Para o primeiro, o crime é uma infração da norma, para o filósofo é um problema relacionado com a ética, e, para o último um problema biológico. Para o sociólogo, um problema relacionado com o meio, como 'a totalidade de fatores externos suscetíveis de influírem sobre a vida, biológica, social ou cultural de um indivíduo ou grupo'. É tudo isto e também não é nada disto. O crime não pode ser um problema meta-científico, ou seja inacessível, além das ciências. É a

desconcertante inquietude filosófica que atormenta e machuca as consciências." (SANTOS, José, 1973, p. 83)

5. "Si o crime é um facto social como o direito, que é sua antithese lógica, consideremo-lo principalmente em seu aspecto social, embora tenhamos de pedir auxílios á psychologia, á psychiatria e á antrrhopologia. Considerado sob esse poncto de vista, julgo que devemos comprehender o crime como – *uma offensa ás condições existenciaes da sociedade ou, mais claramente, como uma perturbação mais ou menos grave produzida na ordem social e acarretando um embaraço mais ou menos considerável no regular funccionamento da mechanica social.*" (BEVILÁQUA, 2001, p. 51)

CRIME CONTRA A ECONOMIA POPULAR
A Lei nº 1.521, de 26 de dezembro de 1951, estabelece e pune os crimes e contravenções contra a economia popular.

CRIME DE COMPUTAÇÃO
V. Crime Informático.

CRIME DE LAVAGEM
V. Lavagem de Dinheiro.

CRIME DE MERA SUSPEITA
Crime de mera suspeita, ou sem ação, é aquele em que não há uma conduta comissiva ou omissa e o agente é punido apenas pela suspeita. É, por exemplo, a hipótese prevista no art. 1°, § 2°, II, da Lei n° 9.613, de 3 de março de 1998, que pune o agente por participar de grupo, associação ou escritório, sabendo que sua atividade principal ou secundária é dirigida à prática dos crimes previstos nesta Lei 9.613/98. Também, a posse de drogas tem sido considerada crime de mera suspeita. (SANTOS, JOSÉ, 1994, p. 59). O crime de mera suspeita é rejeitado por grande parte da doutrina.

CRIME DE MULTIDÃO
1. Scipio Sighele chamou 'crime de multidão' o crime coletivo.

2. "Mas o que importa, a meu ver, nos crimes commettidos pelas multidões exaltadas, é determinar até que poncto a suggestão do grupo, até que

poncto o contagio das emoções modificou a individualidade daquelles que foram impellidos ao crime." (BEVILÁQUA, 2001 , p. 45)

CRIME DE VITRIOLAGEM

1. Vitríolo é ácido sulfúrico concentrado. A ação criminosa se dá pelo arremesso do ácido sulfúrico. O objetivo do criminoso é desfigurar a face ou deformar qualquer outra parte do corpo da vítima.

2. "Delito consistente em arremessar substância cáustica ao rosto de uma pessoa no intuito de desfigurá-la, ou aos órgãos genitais para impedi-la de ter uma vida sexual normal. Essa ação criminosa deve-se na maior parte dos casos ao ciúme, com o indivíduo tentando evitar que a criatura amada venha a pertencer a outro." (PEIXOTO, P., 1993, p. 309)

3. "Esta última modalidade, muito interessante, embora rara em nosso meio, é o que se chama propriamente de *vitriolagem*, denominação genérica às lesões produzidas por todos os cáusticos químicos, tirada de um deles, óleo de vitríolo ou ácido sulfúrico. As lesões produzidas nessas condições se situam, de preferência no rosto e partes próximas como pescoço e porção superior do tórax. Essa sede preferencial denota, desde logo, a intenção do autor do dano que é marcar indelevelmente, deformar a sua vítima. Daí podem surgir debilidade permanente de membro, sentido ou função, deformidade permanente, etc." (FÁVERO, 1962, p. 385)

4. "...na França, reinou em certo tempo a epidemia do vitríolo, a que recorriam as mulheres traídas pelos amantes para os desfigurarem. No começo deste século XX, na Escócia, usou-se o vitríolo em Glasgow e, para que tal prática tivesse um fim, foi necessário impor pena de morte aos vitrioladores". (FERNANDES, N.; FERNANDES,V., 2002, p. 104)

5. Aubry tomou por base os delitos de *vitriolage* e *depeçage* para elaborar sua teoria do contágio moral.

CRIME DIGITAL

V. Crime Informático.

CRIME DO COLARINHO BRANCO

1. *White collor crime, shite collar crime*. Trata-se da delinqüência econômica, também chamada 'delinqüência dourada', da criminalidade do mundo de negócios em que a violência é substituída pela inteligência e astúcia. O criminoso 'de colarinho branco' é, geralmente, pessoa bem nascida, com boa formação escolar, bom nível social e que se julga acima da lei. Edwin H. Sutherland define o crime do 'colarinho branco' como sendo a infração penal praticada por pessoas de alta condição socioeconômica, no exercício abusivo de uma profissão lícita.

2. "A delinqüência contra o patrimônio decorre, ao mesmo tempo, de um espírito de lucro e de um espírito de risco. A regulamentação econômica entrava a liberdade de ação do delinqüente, que assume o risco de infringi-la. O referido tipo delinqüencial não apresenta nem o defeito de discernimento nem o da ausência da vontade, pelo contrário, o mais freqüentemente, aceita agir conscientemente segundo as normas que admite possam trazer um prejuízo à organização econômica, e, ao mesmo tempo, recusa considerar que elas procedem de uma carência da moralidade individual." (COSTA, 1972, p. 35)

3. "Mas nunca convém esquecer que o crime organizado possui o seu 'lado dourado', isto é, ele também é praticado por gente do colarinho branco. Em torno da corrupção, favorecimentos ilegais, crimes contra a concorrência pública, evasão de divisas, sonegação fiscal, etc. há muita organização criminosa." (GOMES; CERVINI, 1995, p. 60)

4. Os criminosos do 'colarinho branco' são "profissionais liberais e técnicos, empresarialmente estabelecidos ou não, diretamente subordinados àquelas organizações ou autônomos, que possuem o saber e a informação e, em particular, dominam as estratégias de escamoteamento, movimentação e aplicação destes ativos 'sujos', com destaque para as técnicas cibernéticas, e conhecem inclusive os artifícios jurídicos necessários à legitimação de sua origem ilícita". (MAIA, 2004, p. 13)

5. Uma lista dos chamados delitos econômicos foi divulgada pelo Conselho da Europa, órgão colaborador do Conselho Econômico e Social da ONU. São eles: formação de cartéis, abuso do poder econômico das multinacionais, obtenção fraudulenta de fundos do Estado, criação de sociedades fictícias, fraudes em prejuízo de credores, falsificação de balanços, fraudes sobre o capital de sociedades, concorrência desleal, publicidade enganosa, infrações alfandegárias, infrações cambiárias, infrações da bolsa etc. A esses delitos, Newton e Valter Fernandes (2002, p. 506) acrescentam: a agiotagem ou espoliação onzenária por instituições financeiras, a violação abusiva dos princípios de proteção do consumidor e do trabalho, a defraudação do consumidor em todos os níveis, a manipulação de sistemas de crédito que majoram absurdamente os preços de mercadorias, o *dumping* de produtos farmacêuticos, a manipulação de má-fé de consórcios, de carnês e de apólices de seguro, a manutenção de firmas sofisticadas cujo intento maior é a coloca-

ção no mercado de artigos adulterados ou falsificados, a manipulação de companhias de turismo que especulam e engordam a clientela, a manipulação de grandes lojas e supermercados cujas máquinas registradoras totalizam geralmente a maior, a 'indústria' das insolvências etc.
V. Lei nº 1.521, de 26 de dezembro de 1951; Lei nº 4.595, de 31 de dezembro de 1964; Lei nº 4.728, de 14 de julho de 1965; Lei 4.729, de 14 de julho de 1965; Lei nº 7.492, de 16 de junho de 1986; Lei nº 7.505, de 2 de julho de 1986; Lei nº 8.078, de 11 de setembro de 1990; 8.137, de 27 de dezembro de 1990; Lei 8.176, de 8 de fevereiro de 1991; Lei nº 8.429, de 2 de junho de 1992; Lei nº 8.884, de 11 de junho de 1994; Dec.-lei nº 3.240, de 8 de maio de 1941; Dec.-lei nº 7.661, de 21 de junho de 1945; Dec. nº 982, de 12 de novembro de 1993.

CRIME ECONÔMICO
V. Crime do Colarinho Branco.

CRIME E LOUCURA
1. O tema 'crime e loucura' foi tratado por Dally, Virchow,

Mynzloff, Kesteven, Lombroso, Ferri, Morel, Esquirol, Prichard, Colajani, Kropotkine, Gautier, Maudsley, etc. "Parece pacífico exista profunda intimidade entre crime e loucura e que todo indivíduo com higidez mental não chegaria ao crime, exceção dos ocasionais". (SANTOS, José, 1987, p. 31)

2. Para Lombroso, a "distinção entre loucos e criminosos é de quantidade, de grau na regressão atávica e não de qualidade". (LYRA; ARAÚJO JÚNIOR, 1992, p. 41). "Os *criminosos loucos* (do segundo grupo de Lombroso) seriam os 'loucos morais', os perversos que, sob aparência comum, 'são exageros do tipo do criminoso nato', psicologicamente idênticos a eles e ainda os fronteiriços, os intermediários, 'nem são, nem doentes de todo', os 'matóides' de Lombroso. (PEIXOTO, A.,1953, p. 86)

3. "Estou convencido de que há um phatos criminogeneo, um morbus que impelle ao delicto, qualquer que seja a sua natureza, e contra o qual a pena se revelará impotente na maioria dos casos; mas essa anomalia é menos commum do que se po-

deria suppor, estou igualmente convencido." (BEVILÁQUA, 2001, p. 15)

4. No final do século XVIII, os pioneiros da Psiquiatria começaram a separar os doentes mentais dos criminosos. Em 1870, surgiu no Brasil, entre os médicos, um movimento voltado para a necessidade de separar os doentes mentais criminosos dos não criminosos. Essa separação, no entanto, só foi possível em 1903, quando foi construída a seção Lombroso, reservada para criminosos enfermos mentais, no Hospício Nacional, do Rio de Janeiro. Em 1921 foi construído, também no Rio de Janeiro, o primeiro Manicômio Criminal do Brasil.

CRIME E PECADO

1. "Os teólogos, conhecedores do direito, os canonistas dos séculos XI e XII, aos quais o Ocidente deve a modernidade aguçada de seus conceitos jurídicos mais fundamentais, estabelecem pela primeira vez a distinção entre crime e pecado. Apenas a justiça eclesiástica, em oposição à justiça secular, tinha o direito de julgar os pe-

cados, ou seja, 'crimes contra as leis de Deus'." (ANDRIEU, 2000, p. 301)

2. "O advento do Cristianismo fez acompanhar consigo o restabelecimento da noção de penitência para a pena e, obviamente, pecado para o crime. O direito canônico fundava-se no conceito de livre-arbítrio. Somente Deus poderia castigar os homens, através, claro, de seus representantes (sacerdotes católicos) na terra. Mas os homens eram livres para escolher entre o bem e o mal. Optando pelo segundo caminho, restava a penitência, o suplício, o castigo, para purificação e retorno à casa do Pai." (LIMA, *Aspectos da pena na Teoria Geral do Direito*, Doutrina, n° 4, Coordenação: James Tubenchlak, Instituto de Direito, Rio de Janeiro: 1997, p. 52).

CRIME IDEOLÓGICO

Crime praticado por motivos políticos. O crime ideológico caracteriza-se pela ideologia, organização, pouca ou nenhuma relação com a vítima, meios violentos, cumplicidade política, impunidade freqüente, rivalidades, etc. (SANTOS, José, 1987, p. 30)

CRIME INFORMÁTICO

1. Crime por computador; crime de computação; delinqüência informática, crime digital, etc. A Organização para a Cooperação Econômica e Desenvolvimento (OECD) define o crime informático ou *computer crime* como sendo "qualquer conduta ilegal, não ética, ou não autorizada, que envolva processamento automático de dados e/ou a transmissão de dados". (*Computer related criminality: analysis of legal police in the OECD, Area, ICCP, 1984*). (REIS, 1996, p. 25)

2. Para Guimarães Feliciano (2001, p. 34) crimes ou ilícitos penais informáticos, são: "... condutas típicas (donde a necessidade de lei ou do recurso à interpretação progressiva), antijurídicas e culpáveis em que o objeto material ou o meio de execução sejam o objeto tecnológico informático, assim entendidos todos os componentes artificiais de um sistema de computação (hardware, software, redes, etc.), e bem

assim os dados eletronicamente tratados".

3. "O combate a esse tipo de criminalidade apresenta dificuldades bem peculiares. Entre essas merece destaque o fato de que, devido aos métodos empregados e aos agentes envolvidos, a criminalidade do computador se enquadra na categoria dos chamados crimes do *colarinho branco*. Por outro lado, a complexidade dos sistemas próprios à informática dificultam o conhecimento e a prova das infrações penais. Considerando inexpressiva a proteção jurídica dos sistemas de computação, os meios de comunicação não se cansam de anunciar a impotência do ordenamento jurídico em vigor para reprimir as ações delitivas dos chamados *hackers*." (ROCHA, *Criminalidade do Computador*, artigo, RT 718/ 523)

V. Lei nº 9.609, de 19 de fevereiro de 1998 (Lei de Software) que dispõe sobre a proteção autoral dos programas de computador e sua comercialização no País; Lei nº 9.296, de 24 de julho de 1996, que regulamenta a parte final do inciso XII, do art. 5º da Constituição Federal;

Lei nº 10.764, de 12 de novembro de 2003, que altera vários dispositivos da Lei 8.069, de 13 de julho de 1990.

CRIME ORGANIZADO
V. Criminalidade Organizada.

CRIME ORGANIZADO TRANSNACIONAL
V. Criminalidade Organizada Transnacional.

CRIMINALIDADE
"Criminalidade é o conjunto dos crimes socialmente relevantes e das ações e omissões que, embora não previstas como crimes, merecem a reprovação máxima. A Criminologia considera, verticalmente, a criminalidade (conceito criminológico). O Direito Penal considera horizontalmente o crime (conceito jurídico). [...] Os grandes valores para a Criminologia hão de ser a criminalidade e a sociedade e não o crime e o criminoso." (LYRA; ARAÚJO JÚNIOR, 1992, p. 23)

CRIMINALIDADE ECONÔMICA
V. Macrocriminalidade e Crime do Colarinho Branco.

CRIMINALIDADE INFORMÁTICA

Sobre a delinqüência informática, Guimarães Feliciano (2001, pp. 31, 34), afirma: "Conheço por *criminalidade informática* o recente fenômeno histórico-sócio-cultural caracterizado pela elevada incidência de ilícitos penais (delitos, crimes e contravenções) que têm por *objeto material* ou *meio de execução* o objeto tecnológico informático (*hardware*, *software*, *redes*, etc.)."

V. Crime Informático.

CRIMINALIDADE NUCLEAR

1.O tráfico de armas e de materiais nucleares furtados, é uma das atividades de algumas associações criminosas combatida pela Agência Internacional de Energia Atômica (AIEA), com sede em Viena. Também, para combater esse tráfico, foi criado em Washington, um serviço especial denominado Task Force Odessa. Já em 1997, os EUA identificaram vinte e cinco organizações mafiosas russas especializadas no tráfico de substâncias nucleares como plutônio 239, cobalto, cobalto 60, califórnio 252, urânio natural, urânio enriquecido, estrôncio, plutônio-americânio, césio 137, mineral de urânio, ósmio, mercúrio vermelho, escândio, criptônio 85, pastilha de urânio (índice de enriquecimento: 1,6 a 4,4%).

2."Dez anos depois da catástrofe de Chernobyl, um novo perigo se manifesta: a exportação ilegal e a venda privada, no Ocidente, no Oriente Médio e no Sudeste Asiático, de armas e materiais nucleares procedentes dos arsenais da antiga URSS. [...] Desde o início da década de 90, uma expressão até então desconhecida aparece nas 'análises de conjuntura' periodicamente redigidas pelos oficiais centrais de polícia dos diferentes Estados da Europa ocidental: 'criminalidade nuclear'. Este novo tipo de tráfico é amplamente dominado pelo crime organizado e está ligado à desintegração do exército." (ZIEGLER, 2003, pp. 174, 176, 183)

CRIMINALIDADE ORGANIZADA

1. A Convenção das Nações Unidas contra o Crime Organizado Transnacional, realizada

em Palermo, em 15 de dezembro de 2000, definiu, no art. 2º, organização criminosa como sendo todo "grupo estruturado de três ou mais pessoas, existente há algum tempo e atuando concertadamente com o fim de cometer infrações graves, com a intenção de obter benefício econômico ou moral". A convenção foi ratificada pelo Decreto Legislativo nº 231, publicado no Diário Oficial da União, nº 103, p. 6, em 30 de maio de 2003, passando, então, a integrar nosso ordenamento jurídico. São características do crime organizado além da estabilidade e permanência, previsão de lucros, hierarquia, planejamento empresarial, divisão de trabalho, simbiose com o Estado, divisão territorial, etc. Dentre os crimes praticados pelas associações criminosas estão o contrabando, o terrorismo, o tráfico de drogas, de seres humanos, de órgãos humanos para transplante, de animais, de armas (inclusive nucleares), espionagem industrial ou compra de segredos, extorsão, suborno de autoridades e políticos, exploração da prostituição adulta e infantil, contrabando, etc.

2. "O que a expressão crime organizado quer denotar não tem ligação exata com o uso corrente do vocábulo crime no direito penal, quer analiticamente, como tipicidade, ilicitude e culpabilidade, quer materialmente, como um desvalor da vida social, quer formalmente, como a ação ou omissão vedada pela lei sob a ameaça de inflição de uma pena. Na realidade, não há como dissociar-se a conotação deste vocábulo, neste contexto, de uma remissão a uma pluralidade de agentes vocacionados para a prática de condutas (ações ou omissões humanas) definidas previamente como crime(s) e cuja especificidade reside em atuarem coletivamente e não individualmente como a grande maioria dos criminosos atua. O termo organizado, por sua vez, remete não só a referida atuação coletiva mas, ao mesmo tempo, supõe um certo patamar de organicidade e de divisão de trabalho." (MAIA, 1997, p. 4)

3. Segundo Guaracy Mingardi (apud GOMES; CERVINI, 1995, p. 57) "O Crime Organizado configura um verdadeiro e próprio contra-poder criminal em concorrência ou em substi-

tuição aos poderes legais do Estado. O vínculo do crime organizado com os poderes públicos é realçado por grande parte da doutrina, inclusive estrangeira".
4."O calcanhar de Aquiles da criminalidade organizada é a reciclagem, a 'legalização' de seus lucros astronômicos. A 'lavagem' diária de bilhões de lucros criminosos defronta os cartéis com problemas delicados. Esses mecanismos de reciclagem é que precisam ser paralisados prioritariamente. [...] seria necessário atacar vigorosamente a corrupção dos políticos, juízes, procuradores e policiais, assim como dos dirigentes econômicos dos setores público e privado. É através da corrupção que os senhores do crime subvertem e tentam dominar os Estados de Direto e nossas sociedades democráticas." (ZIEGLER, 2003, pp. 312, 313)

CRIMINALIDADE ORGANIZADA NO BRASIL

1. O Crime organizado no Brasil está ligado ao tráfico de pessoas, de drogas, de armas, à corrupção, ao furto de veículos, de cargas, ao 'jogo do bicho' associado ao tráfico de drogas e a ou-

tras práticas ilícitas, etc. Tigre Maia (1997, p. xii) lembra os assaltantes dos cofres da Previdência Social, os saqueadores do Sistema Financeiro Nacional, as organizações de tráfico de entorpecentes instaladas dentro dos presídios, o tráfico de mulheres pelas organizações espanholas, a presença da Yacuza japonesa e da Cosa Nostra em território brasileiro atuando com 'sócios' de restaurantes, etc.

2. O cangaço, que surgiu no final do século XIX, no sertão nordestino e o 'Jogo do Bicho', que apareceu no século XX, podem ser considerados como antecedentes da criminalidade organizada no Brasil.

3. A Lei de combate à Criminalidade Organizada (Lei n° 9.034, de 3 de maio de 1995), "dispõe sobre a utilização de meios operacionais para prevenção e repressão de ações praticadas por organizações criminosas" sem, contudo, definir o crime organizado. A lei disciplina, somente, a produção da prova e os procedimentos investigatórios. O legislador equiparou o crime organizado aos delitos praticados por quadrilha ou bando, porém, o crime organizado e o crime de quadri-

lha ou bando, tipificado no art. 288, do Código Penal, não se confundem. O *modus operandi* e seus efeitos são fundamentalmente diferentes. Não se trata, também, de mero concurso de pessoas porque, além da estabilidade e da permanência da associação, outras características – como a estreita simbiose com o Estado, a hierarquia entre os criminosos, a ampla distribuição de tarefas, o planejamento empresarial a longo prazo, a previsão de lucros, etc., – são necessárias para a configuração da criminalidade organizada.

V. Lei n° 10.217, de 11 de abril de 2001, que alterou a redação do art. 1º, da Lei nº 9.034, de 3 de maio de 1995; Lei n° 7.492, de 16 de junho de 1986, que "define os crimes contra o Sistema Financeiro Nacional"; Lei n° 8.137, de 27 de dezembro de 1990, que trata dos crimes contra a ordem tributária, econômica e contra as relações de consumo; Lei n° 9.613, de 3 de março de 1998 que dispõe sobre os crimes de lavagem ou ocultação de bens, direitos e valores e cria o COAF – Conselho de Controle de Atividades Financeiras.

CRIMINALIDADE ORGANIZADA TRANSNACIONAL

1. As organizações criminosas não respeitam fronteiras. Operam em todos os continentes em virtude da necessidade de expansão e da diversificação de suas atividades ilícitas. Associam-se, ocasionalmente, umas às outras, ainda que rivais, apoiando-se mutuamente, celebrando acordos para a prática de crimes como tráfico de armas, de substâncias nucleares, de pessoas, de órgãos humanos, de animais, etc.

2. "A índole internacional das atividades ilícitas mais importantes, como o tráfico de estupefacientes ou de armas e a reciclagem, impõe realmente uma conexão entre as maiores organizações criminais dos diversos países que buscam, desse modo, uma permuta operacional nos respectivos contextos nacionais. Nesse quadro a máfia chinesa constitui, juntamente com a Yakusa japonesa, com a Cosa Nostra americana e outras expressões de criminalidade organizada internacional, um fenômeno relevante não só nas áreas de origem como em cada continente." (PELLEGRINI; COSTA JÚNIOR, 1999, p. 63)

3. "São grupos que atuam universalmente, favorecidos hoje pela globalização da economia, comércio livre, desenvolvimento das telecomunicações, universalização financeira, colapso do sistema comunista, processo de unificação das nações (que provocam rompimento das fronteiras) etc. Alguns já chegaram a formar um verdadeiro 'antiestado', isto é um 'estado' dentro do Estado, com uma pujança econômica incrível, até porque existe muita facilidade na 'lavagem de dinheiro sujo', e grande poder de influência (pelo que é válido afirmar que é altamente corruptor)." (GOMES; CERVINI, 1995, p. 58)

4. Durante a 1ª Conferência Mundial sobre crime organizado, realizada em Nápoles, entre 21 e 23 de novembro de 1994, foram enumeradas as seguintes características da criminalidade organizada transnacional: "Organização de grupos para fins de atividades criminosas; vínculos hierárquicos ou relações pessoais que permitem certos indivíduos dirigir o grupo; recurso à violência, à intimidação e à corrupção; lavagem de lucros ilícitos".

5. A Convenção das Nações Unidas, contra a Delinqüência Organizada Transnacional, realizada em Palermo, Itália, em novembro de 2000, definiu o conceito de organização criminosa como sendo todo "grupo estruturado de três ou mais pessoas, existente há algum tempo e atuando concertadamente com o fim de cometer infrações graves, com a intenção de obter benefício econômico ou moral". A convenção foi ratificada pelo Decreto Legislativo nº 231, publicado no Diário Oficial da União, nº 103, p. 6, em 30 de maio de 2003, passando, então, a integrar nosso ordenamento jurídico.

6. Os especialistas do Fundo Nacional Suíço de Pesquisa Científica afirmam: "Existe crime organizado [transcontinental] quando uma organização cujo funcionamento é semelhante ao de uma empresa internacional pratica uma divisão muito aprofundada de tarefas, dispõe de estruturas hermeticamente fechadas, concebidas de maneira metódica e duradoura, e procura obter lucros tão elevados quanto possível cometendo infrações e participando da eco-

nomia legal. Para isso, a organização recorre à violência, à intimidação, e tenta exercer sua influência na política e na economia. Ela apresenta geralmente uma estrutura fortemente hierarquizada e dispõe de mecanismos eficazes para impor suas regras internas. Seus protagonistas, além disso, podem ser facilmente substituídos". (Apud ZIEGLER, 2003, p. 55)

7. "O crime organizado transnacional é agora a tendência mais significante na delinqüência mundial. Este conceito de criminologia abrange uma gama extensiva de delitos violentos ou sofisticados, mas todos extremamente sérios e tendo em comum o fato de que são cometidos por indivíduos que operam em redes. [...] As organizações criminosas transnacionais operam em todos os continentes. A gama de perfis comerciais vai de companhias que são aparentemente ilegais a franquias locais, e as suas organizações podem variar de alianças *ad hoc* a estruturas hierárquicas. Certos grupos são principalmente envolvidos numa única atividade (tráfico de drogas)." (PICCA, Revista Jurídica Consulex, ano VII. 15 de agosto 2003, pp. 12-15).

CRIMINALÍSTICA

1. Ciência de investigação criminal. A Criminalística foi criada por Hans Gross (1847-1915) e tem como objeto o esclarecimento dos crimes e a identificação dos criminosos. É, também, denominada Polícia Científica, Polícia Técnica, Ciência Policial e Policiologia. É a *Criminaltaktik* ou 'Tática Criminal' dos alemães.

2. "Sistema cujo objetivo é procurar, com recursos e métodos científicos, a solução para casos criminais. O levantamento do local do crime *vg.*, a colheita de provas e o exame pericial destas, a descoberta de 'pistas', a investigação policial, entre outras, são atribuições específicas da Criminalística". (SANTOS, José, 1987, p. 34)

3. "A Criminalística, rotulada por Seelig de Fenomenologia Criminal, permite, através da Investigação Criminal, a preservação da prova. Auxiliada pela Perícia Médica e pela Dactiloscopia, assume papel relevante na preservação dos locais do crime." (QUEIROZ, Polícia e

Criminologia, artigo, RT 698, ano 82, p. 460)

4. "A Criminalística é uma disciplina auxiliar do processo penal ocupando-se do decobrimento e verificação científica do delito e do delinqüente; jamais é parte da Criminologia. [...] A Criminalística em sentido restrito, como ciência de investigação penal, é, pois, a ciência dos métodos técnicos e psicológicos de investigação, legalmente admitidos no processo penal, e da sua utilização sistemática para o esclarecimento dos fatos." (COSTA, 2005, pp.162, 471)

CRIMINODINÂMICA
"É uma das duas operações necessárias à compreensão da personalidade do delinqüente. A outra é a criminogênese." (SANTOS, José, 1987, p. 35)

CRIMINÓGENA, CAUSA
Causa desencadeante do crime. O crime não possui causa e sim fatores. Não pode resultar de uma única causa mas da soma de vários fatores.

CRIMINOGÊNESE
1. Estudo da gênese do crime.

2. "Como fenômeno racial, o criminoso constitui – do ponto de vista causal – o assunto da criminologia genética ou *criminogênese*." (SALDAÑA, 2003, p. 155)

2. "Uma das áreas de maior atrito entre os clínicos e os sociologistas é no terreno da criminogênese. Os sociólogos procuram a 'causa', em sentido estritamente científico, e se empenham em achar uma demonstração matemática, enquanto aos clínicos bastam hipóteses parciais e pragmáticas que justifiquem sua ação. A criminogênese para o clínico passa a ser um termo sem mais significado, a menos que diga respeito a qualquer diagnóstico ou terapêutica. Para o sociólogo, ela não tem significado, a menos que não se inserisse em uma teoria ou em um sistema de teorias." (FERNANDES, N.; FERNANDES, V., 2002, p. 753)

CRIMINÓGENO, FATOR
1. "Entende-se por *fator criminógeno* todo elemento objetivo que intervém na produção do fenômeno criminal." (PINATEL, 1960, p. 65)

2. O fator criminógeno "é utilizado em Criminologia Geral como conceito básico". (SANTOS, José, 1987, p. 36)
3. "Está assentado hoje que o crime não tem causa, mas fatores. Como outros fenômenos aludidos por Bertrand Russel, o crime é um fenômeno social inexplicável pela lei da causalidade, somente podendo ser avaliado por leis estatísticas, com vistas à formação do quadro de sua fatoração criminológica. Conclusão importante, pois, é a de que o crime é resultante de uma soma de fatores, sendo assim uma estrutura complexa e não o produto de uma única causa." (PIMENTEL, Apud PASSOS, 1994, p. 51)

CRIMINOGRAFIA
1. A Criminografia, também chamada Criminologia Descritiva, é a ciência da descrição dos crimes e dos delinqüentes. (SALDAÑA, 2003, p. 155)
2. Afrânio Peixoto (1953, p.12) diz que a "criminografia, o conhecimento objetivo e descritivo, não interpretativo e dedutivo do criminoso, será a sucessão natural das pretensões criminológicas, pelo menos a prévia etapa indispensável desse conhecimento, para che-

gar ao outro mais transcendente. Desde já, porém, a criminografia, pelo reconhecimento, pela 'identificação' do criminoso, estatui a sua 'perigosidade', 'lesão em foco', 'o ponto nevrálgico' da sociedade, a que é preciso vigiar, providenciar, socorrer, para evitar o crime".

CRIMINOLOGIA
1. A Criminologia já foi denominada "Antropologia Criminal", "Biologia Criminal", "Endocrinologia Criminal", "Reflexologia Criminal", Sociologia Criminal, etc. O vocábulo 'Criminologia' é originário do latim *crimino* que quer dizer crime e *logos*, do grego, tratado ou estudo. Foi usado pela primeira vez pelo médico e antropólogo francês Topinard e, depois, empregado por Garofalo, no seu livro *Criminologia*. Para Garofalo a Criminologia é a ciência da criminalidade, do delito e da pena.
2. "Criminologia é a ciência que estuda o fenômeno criminal, a vítima, as determinantes endógenas e exógenas, que isolada ou cumulativamente atuam sobre a pessoa e a conduta do delinqüente, e os meios laborterapêuticos ou pedagógicos de reintegrá-lo ao agrupamento social." (FERNANDES, N.; FERNANDES, V., 2002, p. 27)

3. "Cabe definir a Criminologia como ciência empírica e interdisciplinar, que se ocupa do estudo do crime, da pessoa do infrator, da vítima e do controle social do comportamento delitivo, e que trata de subministrar uma informação válida, contrastada, sobre a gênese, dinâmica e variáveis principais do crime – contemplando este como problema individual e como problema social –, assim como sobre os programas de prevenção eficaz do mesmo e técnicas de intervenção positiva do homem delinqüente e nos diversos modelos ou sistemas de resposta ao delito." (GOMES; MOLINA, 2000, p. 37)

CRIMINOLOGIA ABOLICIONISTA

1. A Criminologia abolicionista é uma das correntes da Criminologia Crítica. Essa corrente que se desenvolveu principalmente no norte da Europa, não foi bem aceita na América Latina. Tal, porém, não ocorreu com a teoria do Direito Penal mínimo ou, da intervenção mínima do Direito Penal, que foi recebida com entusiasmo pelos latinos-americanos muito embora os fundamentos do minimalismo não se diferenciem dos fundamentos do movimento abolicionista.

2. "O movimento abolicionista é subdividido em três correntes: a) a do anarquismo penal, inadmitindo a intervenção estatal na busca da solução do conflito de interesse macrossocial; b) na outra corrente advogada por Christis Nils a humanidade deve limitar a dor, sendo a pena uma ferramenta de sofrimento. ZAFFARONI chama atenção para o sistema penal Latino-Americano que é estabelecido no sentido de provocar a dor; c) a terceira corrente sustenta que a abolição do sistema penal é uma conseqüência das ações políticas no âmbito das classes sociais empobrecidas." (COSTA, 2005, p. 197)

CRIMINOLOGIA CLÁSSICA
V. Escola Clássica.

CRIMINOLOGIA CLÍNICA

1. Foi também denominada Criminologia Descritiva e Criminologia Geral por Di Tullio. A Criminologia Clínica, em sentido amplo, estuda o fenômeno criminoso individual e, em sentido estrito, designa o estudo multidisciplinar de casos particulares de delinqüência com o objetivo de prevenir a reincidên-

cia. A Criminologia Clínica cuida da diagnose, prognose e tratamento do delinqüente.

2. A Criminologia Clínica destina-se "ao estudo de casos particulares, com o fim de estabelecer diagnósticos e prognósticos de tratamento, numa identificação entre a delinqüência e a doença. Aliás, a palavra clínica vem de *klimos*, que no grego significa 'leito', o que nos dá a idéia de uma relação médico/paciente". (LYRA; ARAÚJO JÚNIOR, 1992, p. 18)

3. "O exame criminológico constitui o princípio básico da criminologia clínica, sendo que os métodos utilizados não variam apenas segundo a sua natureza 'médica, psiquiátrica, psicológica, ou social', mas diferem, entre si, pelo grau de profundidade que possam prever." (COSTA, 2005, p. 118)

4. "A Criminologia Clínica consiste na aplicação pragmática do conhecimento teórico da Criminologia Geral, sem que isto desvirtue o caráter autônomo daquela, conquanto intimamente ligadas ambas as criminologias. Além do mais, a pesquisa científica tem como ponto de partida a Clínica Criminológica. Clínico e pesquisador se completam no progresso científico da Criminologia."

(FERNANDES, N.; FERNANDES, V., 2002, p. 39)

CRIMINOLOGIA CRÍTICA

1. A Criminologia Dialética ou Crítica é um movimento criminológico de reação à Criminologia tradicional. Jock Young e John Lea são considerados os principais representantes da Criminologia Crítica.

2. "A Criminologia Crítica, por sua vez, concebe o crime como conveniência da classe dominante e que os tipos penais são elaborados pelos detentores do poder para submeter a população em geral. Cifrou-se, é quase certo, na Teoria Criminológica de Karl Marx, que dissertava, em seu *O Capital*, que a criminalidade é manifestação exclusiva do regime capitalista, tese desmentida, recentemente, após a implosão do bloco soviético." (QUEIROZ, RT 698, p. 461)

3. A Criminologia Crítica "[...] questiona as bases da ordem social, sua legitimidade, o concreto funcionamento do sistema e de suas instâncias, assim como a reação social: o delito, e o próprio controle social se tornam problemáticos. Enquanto a Criminologia positivista legitima

qualquer ordem social e inclina-se a reforçar empiricamente a resposta repressiva de seus conflitos (o único culpável é o indivíduo, o delinqüente) a Criminologia crítica questiona toda ordem social, mostra sua simpatia pelas minorias desviadas e ataca o fundamento moral do castigo (culpável é a sociedade), pregando, de algum modo, a não intervenção punitiva do Estado." (GOMES; MOLINA, 2000, p. 141)

4. "Citando a 'deliberada desorganização social do sistema capitalista', os criminólogos dialéticos ou críticos condenam a elaboração de etiologias do crime derivadas de patologias individuais, de deformações do sistema nervoso autônomo e de distúrbios na contextura genética ou cromossômica individual. Aduzem, eles, que existe uma distorção ideológica da tarefa criminológica, promovida pela ação oficial e pelos meios de divulgação de opinião pública, distorção que, execrando o criminoso convencional, serve de tapume para acobertar e até justificar, por exemplo, carcinomas sociais tipo do *white collar crime.*" (FERNANDES, N.; FERNANDES, V., 2002, p. 559)

CRIMINOLOGIA DA REAÇÃO SOCIAL

A teoria da Reação Social é também denominada Teoria da Rotulação ou Interacionista. O principal representante da Criminologia da Reação Social na América Latina foi Lola Aniyar de Castro.

V. Criminologia, Nova.

CRIMINOLOGIA DESCRITIVA

V. Criminografia.

CRIMINOLOGIA DIALÉTICA

V. Criminologia Crítica.

CRIMINOLOGIA DO MINIMALISMO

V. Direito Penal Mínimo.

CRIMINOLOGIA GERAL

1. A Criminologia Geral é também chamada Criminologia Sociológica. Divide-se em: a) Antropologia Criminal; b) Psicologia Criminal; c) Sociologia Criminal.

2. "...a concepção dominante sobre a natureza da Criminologia não a tem como mera ciência, mas, também, como ciência aplicada, daí resultando

a Criminologia Geral e a Criminologia Clínica. A Criminologia Geral compara, analisa e classifica os resultados obtidos no âmbito de cada uma das ciências criminológicas". (FERNANDES, N.; FERNANDES, V., 2002, p. 36)
V. Criminologia Sociológica.

CRIMINOLOGIA, NOVA

A denominação Nova Criminologia surgiu com a obra *The New Criminology for a Social Theory of Deviance* de autoria dos criminólogos dialéticos ou críticos Ian Taylor, Paul Walton e Jock Young, publicada em 1973. Nova Criminologia é expressão ampla, genérica, que engloba a Criminologia Dialética ou Crítica, a Criminologia Radical, a Criminologia de Reação Social ou Interacionista e a Economia Política do Delito (denominação proposta na Inglaterra) e outras. Trata-se de um movimento de reação à Criminologia tradicional, fulcrada no pensamento positivista.

CRIMINOLOGIA ORGANIZACIONAL

"Na Criminologia Organizacional, a tônica da investigação desloca-se para as ações e medidas de política criminal, que objetivam a modificação dos meios de controle social destinados ao combate do crime." (LYRA; ARAÚJO JÚNIOR, 1992, p. 18)

CRIMINOLOGIA POSITIVISTA

1. A Criminologia é fruto da Escola Positiva do Direito Penal. Quando nos referimos à Criminologia Positivista falamos, principalmente, da Escola Positiva de Direito Penal, de Lombroso, Ferri e Garofalo.
2. "A Criminologia 'positivista' é uma Criminologia legitimadora da ordem social constituída, porque não questiona seus fundamentos axiológicos, as definições oficiais ou o próprio funcionamento do sistema, pelo contrário, assume-o como um dogma, acriticamente, refugiando-se na suposta neutralidade do empirismo das cifras e das estatísticas. Para ela nem o delito nem a reação social são problemáticos, porque se parte da bondade suprema da ordem social e do efeito terapêutico e construtor da pena. Assim, a bagagem empírica criminológica reforça,

legitima, revitaliza as definições legais e os dogmas do sistema, conferindo-lhe um fundamento mais sólido e racional. A Criminologia positivista opera, em conseqüência, como fator de legitimação e consolidação do *status quo*." (GOMES; MOLINA, 2000, p. 141).
V. Escola Positiva.

CRIMINOLOGIA PRÁTICA
A Criminologia prática divide-se em: Criminalística e Política Criminal.

CRIMINOLOGIA RADICAL
1. A Criminologia Radical, variante da Criminologia da Reação Social, é um movimento de crítica radical à Criminologia tradicional. É o ramo mais extremado da Criminologia Dialética ou Crítica ou da Nova Criminologia. A Criminologia Radical tenta demonstrar que o sistema punitivo organiza-se com o objetivo de atender os interesses das classes dominantes.
2. "...a Criminologia Radical se edifica com base no método e nas categorias do marxismo, desenvolvendo e especializan-do conceitos na área do crime e do controle social, mediante a crítica da ideologia dominante, como exposta e reproduzida pelas teorias tradicionais do controle social (clássicas, positivistas e suas variantes fenomenológicas modernas)." (SANTOS, Juarez, 1981, p. 2)
3. A Criminologia Radical "parte da idéia de sociedade de classes, entendendo que o sistema punitivo está organizado ideologicamente, ou seja, com o objetivo de proteger os conceitos e interesses que são próprios da classe dominante. Os instrumentos de controle social, por isso, estão dispostos opressivamente, de modo a manter dóceis os prestadores de força de trabalho, em benefício daqueles que detêm os meios de produção. O Direito Penal é, assim, elitista e seletivo, fazendo cair fragorosamente seu peso sobre as classes sociais mais débeis, evitando, por outro lado, atuar sobre aquelas que detêm o poder de fazer as leis. O sistema destina-se a conservar a estrutura vertical de poder e dominação, que existe na sociedade, a um tempo desigual e provocadora de desigualdade. Isso se demonstra

pelo caráter 'fragmentário' do Direito Penal, que pune intensamente condutas que são típicas dos grupos marginalizados e deixa livre de pena comportamentos gravíssimos e socialmente onerosos, como, por exemplo, a criminalidade econômica, só porque seus autores pertencem à classe hegemônica e, por isso, devem ficar imunes ao processo de criminalização". (LYRA; ARAÚJO JÚNIOR, 1992, p. 204)

V. Nova Criminologia e Criminologia Crítica.

CRIMINOLOGIA SOCIALISTA

1. Doutrina dos países socialistas pela qual a Criminologia deveria preocupar-se mais em extirpar o crime da sociedade que explicar sua gênese.

2. A Criminologia Socialista "[...] reprova a denominada Criminologia burguesa precisamente porque 'conforma-se com a explicação do crime em lugar da sua extirpação', porque fica a 'meio a caminho', renunciando à necessária transformação das estruturas sociais criminógenas". (GOMES; MOLINA, 2002, p. 139)

CRIMINOLOGIA SOCIOLÓGICA

A Criminologia Sociológica ou teórica está voltada para a pesquisa abstrata e teórica. Ao contrário da Criminologia Clínica, que dá maior ênfase aos fatores biológicos, a Criminologia Sociológica dá maior importância aos fatores sociais na explicação da fenomenologia criminal.

CRIMINOLOGIA TEÓRICA

V. Criminologia Sociológica.

CRIMINOSIDADE

Qualidade daquilo que é criminoso.

CRIMINOSO

1. Afrânio Peixoto (1953, p. 21) afirma que os criminosos são os seres anti-sociais, pragmaticamente fixados, no tempo e no espaço, às desvantagens da sociedade e os atentados a ela, que constituirão as ações reprováveis e os homens reprovados.

2. Lombroso classificou os criminosos em: a) criminosos natos; b) falsos ou pseudos delinqüentes (os ocasionais), c) criminalóide (o meio delinqüente ou meio louco). A clas-

sificação que Ferri fez dos criminosos é biossociológica: a) criminosos natos, b) criminosos loucos, c) criminosos de ocasião, d) criminosos por paixão, e) criminosos habituais. A classificação de Ferri é considerada a mais perfeita da Ciência Criminológica. Garofalo, por sua vez, classifica os criminosos em: a) assassinos (ou delinqüentes típicos), violentos ou enérgicos, ladrões ou neurastênicos.

CRIMINOSO ACIDENTAL
V. Criminoso Instantâneo.

CRIMINOSO DE EMERGÊNCIA
É o criminoso ocasional, episódico, que não apresenta periculosidade. (SANTOS, José, 1987, p. 38)

CRIMINOSO HABITUAL
1. "O criminoso de ocasião, em razão de sua primeira experiência criminosa feliz, comete um segundo delito. Desta vez é punido com uma *curta pena de liberdade* que, por contágio moral na prisão, na falta de tempo suficiente para experimentar métodos educativos, contribui para afirmar a continuidade mental

e moral – não forçada – dum *hábito*. Essa transformação, observada outrora por Bonneville de Marsangy na França (1864), depois na Alemanha por MM, Mittelstadt, Rosenfeld, Heilborn e todo o movimento científico da Política Criminal, constitui uma verdade brilhante." (SALDAÑA, 2003, p. 225)
2. Para Enrico Ferri, criminoso habitual ou profissional é o reincidente: "A espécie ou subespécie que introduziu Ferri na classificação do mestre – seriam os mais numerosos e seriam a transição entre as variedades vizinhas, pois começariam talvez criminosos de ocasião ou de primeira falta, e, por hábito, reincidência, nas causas e no efeito da criminalidade, adquiririam a 'degeneração mental e até orgânica dos criminosos natos' [...] Predispostos ao crime por uma fraqueza moral congênita, pelos erros de educação, pela miséria, vícios, degradações insalubres do álcool, jogo, prostituição, más companhias, das primeiras faltas mínimas, eles são arrastados às maiores, mais desmoralizados, cada vez que saem do cárcere, mais ousados e contumazes na prática de novos e maiores deli-

tos. São os reincidentes por excelência e, se não são os mais temíveis criminosos , – pelo seu número, pela incorrigibilidade freqüente, pela exploração profissional do crime, – são os que mais ocupam a sociedade". (PEIXOTO, A., 1953, p. 87)

3. O Decreto-lei nº 1.004, de 21 de outubro de 1969, tomou a reincidência como critério para definir o criminoso habitual. Dispõe, no art. 64, § 2º: "Considera-se criminoso habitual aquele que: reincide pela segunda vez na prática de crime doloso da mesma natureza..."

4. "...os delinqüentes habituais, além de serem excelentes simuladores, têm como regra cumprir rigorosamente as prescrições disciplinares em vigor nas prisões, por saberem que só assim conquistam certas regalias. De fato, perigosos facínoras esmeram-se em comportarem-se dentro das normas carcerárias e não quebram a disciplina a nenhum pretexto. De tal forma simulam bom comportamento, que chegam a convencer de sua perfeita regeneração os menos experimentados. Daí o perigo de certas informações aos Juízes, que estão longe de significar o verdadeiro estado de alma desses delinqüentes". (DOURADO, Artigo: *O Serviço de Biopsicologia no Sistema Penitenciário*, Revista Brasileira de Criminologia e Direito Penal, Ano II, nº 8, jan.-março 1965, pp. 113-118).

CRIMINOSO INSTANTÂNEO

1. Também chamado: criminoso acidental, criminoso de um instante, criminoso momentâneo.

2. Trata-se do *"Augenblicksverbrecher*, de Von Liszt, [...] cujo crime é um parêntese absurdo em toda uma vida de honestidade. Seria a explosão súbita dum ato defeituoso, recalcado pela censura no subconsciente, durante anos e sempre pronto a ressurgir. E assim é que, na ignorância do próprio autor, essa impulsão *normal* e única se realiza, contra duas leis: a lei social, (instituições, costumes) e a lei individual (idéias, hábitos)". (SALDAÑA, 2003, p. 169)

V. Criminoso Ocasional.

CRIMINOSO NATO

1. A expressão 'criminoso nato' foi criada por Enrico Ferri que no seu livro *OS CRIMINOSOS NA ARTE E NA LITERATU-*

RA afirma: "Os delinqüentes a que eu dava em 1881 o nome de criminosos natos...". Quintiliano Saldaña (2003, p. 96), no entanto, sustenta que a expressão foi criada por M. Cubí y Soler (1801-1875): "O criminoso perverso, *o criminoso nato* – nome criado em 1844 pelo espanhol M. Cubí y Soler – sente-se tranqüilo perante o juiz, em razão da sua insensibilidade".

2. Para Lombroso, o criminoso nato possui instintos perversos, é desprovido do sentimento de remorso e, por ser incorrigível, deve ser apenado com prisão perpétua. A teoria de Lombroso sobre o 'criminoso nato' foi publicada 1871 e, muito embora tenha encontrado sérias oposições, deu-lhe fama mundial: "Todavia, depois de um período de pleno apogeu de sua teoria, os adversários de suas idéias, a começar por seu sucessor na cátedra da Universidade de Turim, Francesco Carrara (1805-1888) e outros integrantes da chamada Escola Clássica de Direito Penal (Filangieri, Carmignani, Romagnosi, Ortolan, Rossi, Fuerbach, Pessina etc.) trouxeram à colação todos os aspectos falhos da Antropologia Criminal, culminando, atra-

vés de inúmeras pesquisas que empreenderam, por fulminar com a figura do criminoso nato". (FERNANDES, N.; FERNANDES, V., 2002, p. 88)

3. Muito embora a Criminologia moderna não admita a teoria do criminoso nato aceita, porém, a hipótese da tendência delituosa, reconhecendo que o homem pode nascer com uma certa predisposição para o crime.

CRIMINOSO OCASIONAL

1. É o 'falso delinqüente' de Lombroso, o 'criminoso momentâneo' ou 'instantâneo' de Liszt. Indivíduo que excepcionalmente poderá delinqüir.

2. "Dubuisson, foi o sistematizador da teoria da ocasionalidade no crime, acreditando que, existindo uma certa predisposição e causas sociais altamente determinantes, o indivíduo acaba cedendo às últimas. Em última análise, para Dubuisson são as causas sociais que ocasionalmente, fortuitamente, incidentalmente atuando sobre uma preexistente predisposição individual, determinam a ocorrência do crime." (FERNANDES, N.; FERNANDES, V., 2002, p. 442)

3. "Na população carcerária existem muitos dos chamados criminosos ocasionais, indivíduos de nível ético elevado, que delinqüiram em momento de fraqueza ou irreflexão e para os quais a simples sanção da perda da liberdade, atua como eficiente corretivo. Estes, dificilmente voltarão a delinqüir." (DOURADO, Artigo: *O Serviço de Biopsicologia no Sistema Penitenciário*, Revista Brasileira de Criminologia e Direito Penal, Ano II, n° 8, jan.-março 1965, pp. 113-118) V. Falso Delinqüente.

CRIMINOSO PASSIONAL

1. O criminoso passional é levado à prática do crime pelo arrebatamento, pelo ímpeto. São pessoas de temperamento sangüíneo, de sensibilidade exagerada. Para Lombroso e Ferri, os ocasionais e os passionais são falsos criminosos. Ferri acredita que o criminoso passional é portador de uma superexcitação nervosa.

2. "Os passionais simples, os furiosos se não são corrigidos, tornam-se *criminosos perversos* (*crimino nato acquis*). O crime aparece a seus olhos aureolado dum prestígio de virilidade quando são impúberes, dum gesto heróico quando chegam a ser homens. Esse critério lhes inverte o sentido moral, se a educação social não estiver aparelhada a fim de retificar esse falso conceito pelo exemplo e pela experiência do bem – que se chama *direito premial*." (SALDAÑA, 2003, p. 226)

3. "Os *criminosos por paixão* são ordinàriamente moços exaltados, irrefletidos, 'sangüíneos e nervosos', de uma 'sensibilidade exagerada', que a contrariedade dos sentimentos leva, às vêzes, às violências, como solução de crises passionais. Ordinariamente, há uma tendência do público, por abuso de linguagem, a só atribuir paixões aos crimes de amor... onde, às vezes, não há paixão alguma, deixando de lado a ira, o ódio, o amor-próprio ofendido, a avareza, a cobiça, a ambição, os partidos políticos e religiosos, que disputam o poder ou o domínio... que podem ser paixões violentas, e, não raro, *criminosas*." (PEIXOTO, A., 1953, p. 90)

CRIMINOSO POR CONTÁGIO

V. Contágio Moral.

CRIMINOSO POR TENDÊNCIA

1. A Criminologia moderna admite que o homem pode nascer com certa tendência para a prática do crime.

2. O Decreto-lei nº 1.004, de 21 de outubro de 1969, definiu os criminosos por tendência no art. 64, § 3º. Dispõe: "Considera-se criminoso por tendência aquele que comete homicídio, tentativa de homicídio ou lesão corporal grave, e, pelos motivos determinantes e meios ou modos de execução revela extraordinária torpeza, perversão ou malvadez".

CUBÍ y SOLER, M.

1801-1875

1. Cubí y Soler, frenólogo espanhol, bem antes de Lombroso descreveu o 'criminoso nato'. Localizou no cérebro as faculdades e potências do ser humano inclusive as criminais. Sustentava que o criminoso era doente necessitando de tratamento médico. Cubí y Soler escreveu *Manual de Frenología*.

2. "A contribuição mais significativa de Cubí y Soler reside no âmbito metodológico, já que foi um dos poucos autores que utilizou um método positivo experimental, chegando a realizar inclusive reconhecidos trabalhos de campo em determinadas comarcas nas quais haviam elevadas taxas de bócio e imbecilidade. Cubí y Soler considerava o delinqüente como um enfermo que necessitava de tratamento. Optando, em termos político criminais, por fórmulas claramente prevencionistas, como bom frenólogo que era, tratou de localizar em diversos lugares do cérebro as faculdades e potências do ser humano, incluídas as criminais. E assim antecipou algumas contribuições genuinamente antropológicas ao associar o delinqüente 'nato' com o denominado 'tipo hipoevolutivo'." (GOMES; MOLINA, 2000, p. 164)

CULEUS

1. Saco de couro.

2. Pena aplicada, entre os romanos, pela prática de aborto criminoso. Consistia em colocar o criminoso ou criminosa em um saco de couro.

CUNHA, EUCLIDES RODRIGUES PIMENTA DA

1866-1909

1. Euclides da Cunha, no livro *Os Sertões*, analisou a delin-

qüência sertaneja: "...ali estavam, no relevo de circunvoluções expressivas, as linhas essenciais do crime e da loucura. [...] É que ainda não existe um Maudsley para as loucuras e os crimes das nacionalidades...".
2. Roberto Lyra (1992, p. 94) afirma que Euclides da Cunha foi a primeira pessoa a 'aplicar a Sociologia Criminal no Brasil': "Nossa Sociologia Criminal recebeu de Euclides da Cunha a visão inaugural, desde logo dominadora da complexidade do fenômeno da multidão criminosa, antes isolado na psicologia. [...] Euclides da Cunha revelou que fatores exógenos (naturais e sociais) retardam ou interrompem o desenvolvimento mental, criam a loucura do deserto, excitam a fraqueza irritável das gentes supersticiosas e incultas predispostas ao desafogo máximo das paixões". (*Ibid.*, p. 93)
3. Euclides da Cunha foi escolhido por Roberto Lyra, em 1931, para seu patrono na Sociedade Brasileira de Criminologia. Diante da indignação que a homenagem causou, Lyra comenta: "Ou eles não sabiam o que é Criminologia, ou não conheciam a obra de Euclides da Cunha. Que são os jagunços, os caucheiros, os coiteiros, os contrabandistas, os curandeiros, os beatos em face da lei? Que são os cangaceiros em geral? Criminosos, contraventores..." (*Ibid.*, p. 95).

DARWIN, CHARLES ROBERT
1809-1882

1. O atavismo é conceito darwiano. Lombroso apoiou-se na Teoria Evolucionista de Darwin para afirmar que o crime resulta de fatores orgânicos e biológicos. "De esclarecer que os elementos aduzidos, referentemente a Darwin, foram mais minuciosos, em face de sua inegável importância no que diz respeito à origem do homem e pela irretorquível repercussão científica e filosófica de sua obra, no final do século XIX, e de cuja influência não escapou Lombroso, que, em sua teoria, fala do atavismo, que é um conceito darwiniano". (FERNANDES, N.; FERNANDES, V., 2002, p. 79)

2. A Escola Positiva adotou as seguintes teorias de Darwin: "a concepção do delinqüente como espécie atávica, não evolucionada; a máxima significação concedida à carga ou legado que um indivíduo recebe por meio da hereditariedade e uma nova imagem do ser humano, privado da importân-

cia e do protagonismo que lhe conferira o mundo clássico". (GOMES; MOLINA, 2000, p. 168)

3. Darwin escreveu: *Sobre a origem das Espécies por Meios de Seleção Natural, Variações dos Animais e das Plantas no Estado de Domesticidade* e *A Origem do Homem*.

DATILOSCOPIA

1. Diz-se identificação datiloscópica ou datilar. Sistema de identificação por meio das impressões digitais. Existem vários sistemas de identificação. No Brasil é usado o sistema decadactilares de Vucetich. A primeira pessoa a estudar os desenhos digitais foi Marcellus Malpighius, médico alemão que, em 1686, elaborou um trabalho sobre o assunto com o título: *De extremo tactus organo. Exercitatio Epistolica ad Jacobum Ruffum, Francavilae, Vicecomitem Illustrissimum.*

2. "Dos diferentes meios de identificação judiciária que a prática nos apresenta, um existe que resistiu e resistirá, sem dúvida, a toda crítica, porque conseguiu firmar-se em sólidas bases. É a dactiloscopia, em que empregamos, para os interesses da justiça, o exame dos dedos. Como é sabido, a polpa dos dedos e, também, a palma das mãos e as plantas dos pés apresentam uns arabescos formados pelas saliências das cristas papilares. Esses desenhos papilares aparecem desde o 6º mês da vida intra-uterina e se conservam por toda a vida do indivíduo e até depois da morte, só desaparecendo pela putrefação que desintegra a pele." (FÁVERO, 1962, p.142)

3. "A identificação progride e já passou da primitiva *impressão estereográfica* – representação grosseira de um pé humano em molde natural (areia, lama, neve, cinza) – à impressão gráfica, digital, mais sutil e empregada como base dum sistema utilitário universal. Eis do que se compõe a *datiloscopia* ou *ciência da identificação duma pessoa pelas impressões digitais*. [...] Essa espécie de assinatura inconsciente é o ponto de partida do inquérito científico, feito pela

polícia técnica. Os arabescos papilares, tão finos, são postos em relação dum modo incerto, com a *hereditariedade* e com a raça. É o *nome antropológico*, a divisa genealógica, gravada por Deus no escudo de cinco quartéis que é a nossa mão: *In manu omnium hominum signat, ut noverint singuli opera sua*, lê-se no Livro de Jó (XXX, VII, 7). Mas ninguém até agora soube ler o sentido oculto do hieróglifo humano, o turbilhão interno, embora aproveitemos a sua utilidade identificadora em relação ao *nome civil*, exatamente como os selvagens enfeitam de páginas impressas a parede de suas choças. E foi assim que se passou, da representação fantástica dos bandidos célebres, aprendida nas *exposições públicas*, que perturbavam o sono dos homens honestos, à fotografia (Lausanne, 1854) e, em seguida, às fichas datilares, recolhidas aos milhões pela maravilhosa organização moderna dos registros penais ou *arquivos judiciais*." (SALDAÑA, 2003, p.114)

V. AFIS e Identificação Criminal.

DEA
Drug Enforcement Agency. Agência antinarcóticos dos EUA.

DEFESA SOCIAL
1. Movimento iniciado na Itália, em 1945, com Filippo Gramatica. Gramatica propunha a abolição do Direito Penal e a substituição da pena tradicional por medidas de defesa social capazes de prevenir, educar e curar. Não aceitava a pena como retribuição mas como tratamento através de medidas de segurança. Acreditava que o delinqüente poderia reintegrar-se à sociedade depois de reeducado e, para tanto, deveria ser modificado o sistema carcerário.

2. "...a escola italiana, dirigida por Gramatica, advoga o *direito-dever de defesa social*, através da recuperação do homem socialmente inadaptado, ao invés da velha punição. Assim, dever-se-ia ter em conta, não o fato de infringir a norma jurídica, mas simplesmente o 'homem', o violador do *modus vivendi* do grupamento societário, na condição de *pessoa humana* a ser *investigada* em

sua totalidade, a fim de se constatar a existência ou não de inadaptação social." (COSTA, 1972, p. 67)

DEFESA SOCIAL, NOVA

1. O francês, Marc Ancel, deu continuidade ao trabalho de Gramatica e o Movimento denominado Defesa Social foi por ele rebatizado, em 1954, como Nova Defesa Social, no seu livro *La Défenense Sociale Nouvelle*. As principais idéias da Nova Defesa Social estão consubstanciadas no chamado 'Programa Mínimo'(conjunto de regras) que foi elaborado por Ancel, Hurwitz, Strahl e estabelecido pela Sociedade Internacional de Defesa Social. "O Programa, em sua versão original, representou a vitória do pensamento moderado, sobre as idéias extremadas de Gramatica e seus seguidores, que pugnavam pela abolição do Direito Penal, que deveria ser substituído por outros meios, não punitivos, de garantia da ordem social." (LYRA; ARAÚJO JÚNIOR, 1992, p. 153)

2. A Nova Defesa Social "...desconhece a ordem jurídica, reconhecendo, unicamente, a ordem social, tanto que inadmite a pena como retribuição, mas, tão-somente, como tratamento, através de medidas de segurança". (QUEIROZ, *Polícia e Criminologia*, artigo, RT 698, pp. 459-463)

3. "O específico desta Escola ('movimento', conforme M. Ancel) é o modo de articular referida defesa da sociedade mediante a oportuna ação coordenada do Direito Penal, da Criminologia e da Ciência Penitenciária, sobre bases científicas e humanitárias, ao mesmo tempo, e a nova imagem do homem delinqüente, realista porém digna, da que parte. De acordo com M. Ancel, a meta desejada não deve ser o castigo do delinqüente, senão a proteção eficaz da sociedade por meio de estratégias não necessariamente penais, que partam do conhecimento científico da personalidade daquele e sejam capazes de neutralizar sua eventual periculosidade de modo humanitário e individualizado." (GOMES; MOLINA, 2000, p. 194)

DEGENERESCÊNCIA

1. Degenerescência ou degeneração é o ato ou efeito de de-

generar-se, de corromper-se. O termo 'degenerescência' foi criado pelo médico alemão Heusinger que lhe deu o sentido de regresso ao tipo primitivo. Para Morel, degenerescência é a regressão do homem a formas anteriores. É caracterizada por sinais físicos, taras nervosas, intelectuais e morais. "...Morel, um dos mestres da ciência francesa no século XIX, muda para sempre a significação científica dessa palavra, e, a exemplo de Heusinger, afirma o novo conceito da degenerescência, porém, como um 'estado patologicamente constitucional, com tendência a uma degradação progressiva' (1857)". (SALDAÑA, 2003, p. 141)

2. "Naquilo que Tissot chama assim de 'degeneração' há muito pouco daquilo que o século XIX chamará de 'degenerescência; ela não comporta ainda nenhuma característica de espécie, nenhuma tendência a um retorno fatal às formas rudimentares da vida e da organização, nenhuma esperança ainda é dada ao indivíduo regenerador. No entanto, Morel, em seu *Traité de la Dégénérescence*, partirá dos ensinamentos que o século XVIII transmitiu-lhe: para ele, como já para Tissot, o homem degenera a partir de um tipo primitivo, e isso não sob o efeito de uma degradação espontânea, de um peso próprio à matéria viva, porém, muito mais provavelmente, sob a 'influência das instituições sociais em desacordo com a natureza', ou ainda como conseqüência de uma 'depravação da natureza moral'." (FOUCAULT, 2002, p. 372)

3. "A palavra *degenerescência*, introduzida na medicina por Morel, e muito usada pelos antropologistas e criminalistas, está agora em franco desfavor na linguagem científica; esse termo designa toda alteração ou tara, de caráter hereditário e em evolução para a decadência e a inadaptação do indivíduo. Por estigmas de *degenerescência* entendiam-se as anomalias morfológicas, mas o abuso da expressão resultou na sua absoluta imprecisão." (GARCIA, 1954, p. 5)

DEGREDO
V. Pena de Degredo.

DE GREEF, ETIENNE
1. De Greef foi o criador da Psicologia Criminal.
2. Pela Teoria da pré-criminalidade, mais conhecida como teoria de De Greef, o homem passa por um período de pré-criminalidade para depois tornar-se criminoso.
V. Psicologia Criminal.

DEIC
Departamento Estadual de Investigação Criminal.

DELAÇÃO PREMIADA
1. Benefício concedido ao criminoso que delatar outros delinqüentes envolvidos em atividades criminosas. A figura da traição benéfica ou delação premiada foi introduzida pelo parágrafo único, do art. 8º, da Lei nº 8.072, de 25 de julho de 1990, que reduziu de 1/3 para 2/3 a pena do participante ou do associado que denunciar à autoridade o bando ou quadrilha possibilitando o seu desmantelamento. Previram, também a 'delação premiada' as seguintes leis: a) Lei nº 8.137, de 27 de dezembro de 1990, que define crimes contra a ordem tributária, econômica e contra relações de consumo; b) Lei nº 9.034, de 3 de maio de 1995, que trata dos meios operacionais para a prevenção e repressão de ações praticadas por organizações criminosas; c) Lei 9.269/1996, que introduziu o § 4º no art. 159 do Código Penal; d) Lei nº 9.613, de 3 de março de 1998, que dispõe sobre os crimes de lavagem ou ocultação de bens, direitos e valores; a prevenção da utilização do sistema financeiro para os crimes previstos nesta Lei; e) Lei nº 9.807, de 13 de julho de 1999, que prevê a possibilidade de concessão de perdão judicial ou a diminuição da pena dos acusados que colaborarem voluntária e eficazmente com a justiça; f) Lei 10.409, de 11 de janeiro de 2002, no tocante à delação dos crimes tipificados nos arts. 12, 13 e 14 da Lei 6.368, de 21 de outubro de 1976.
2. "...ocorre a chamada 'delação premiada' quando o acusado não só confessa sua participação no delito imputado (isto é, admite sua responsabi-

lidade), senão também 'delata' (incrimina) outro ou outros participantes do mesmo fato, contribuindo para o esclarecimento de outro ou de outros crimes e sua autoria. É a confissão delatória (ou chamamento de co-réu)". (GOMES; CERVINI, 1995, p. 132)

3. "Nunca se poderá, portanto, erigir em *dever* a delação, intolerável aos próprios que não a perdoam aos companheiros (alcagüetes) que a fazem. A delação exige possua o agente critérios absolutos: a certeza lógica, do que possa ser evidenciado ou provado, ou seja, o fato; nexo causal entre este fato e o sujeito a quem se imputa a sua autoria. É o mínimo ético se possa exigir. A simples suspeita, a mera suposição, tudo que não possa ser evidenciado, se ressinta de exatidão, que não seja lógico, objetivo, não tendo o caráter de certeza, não autoriza se lance mão deste gravíssimo e sério expediente de delação que pode conduzir a irreparáveis injustiças. Em todo caso, por ser o favorito, o ideal, o que se presta à efetivação das mais torpes vinganças, da destruição moral, do apunhalamento covarde, este expediente deve ser recebido com maiores reservas, descrição. Porque a arma da insídia, facilmente à mão do mau caráter, do crápula, do indivíduo sem qualquer escrúpulo." (SANTOS, José, 1994, p. 16)

DELINQÜÊNCIA DO CO-LARINHO BRANCO
V. Crime do Colarinho Branco.

DELINQÜÊNCIA DOURADA
V. Crime do Colarinho Branco.

DELINQÜÊNCIA ORGANIZADA
V. Criminalidade Organizada.

DELINQÜENTE TÍPICO
O delinqüente típico, de Garofalo, é aquele que não possui qualquer sentimento de benevolência e piedade fazendo parte do rol dos assassinos. São pessoas desprovidas de senso moral, egoístas, que obedecem apenas aos seus desejos e apetites, assemelhando-se aos selvagens e às crianças.

DELITO
De *derelinquere*, abandonar o regime legal.

DELITO NATURAL

1. A expressão 'delito natural' foi criada pela Escola Positiva na tentativa de estabelecer um conceito de crime válido em qualquer tempo e lugar. É de Garofalo, no entanto, a teoria do 'delito natural' e foi elaborada a partir da idéia do criminoso nato de Lombroso. Sustentava, o jurista italiano, que existem duas espécies de delito: o delito legal, que varia de país para país, e o delito natural que é aquele que 'ofende os sentimentos de piedade e de probidade, na conformidade do que assim consideraria a média de uma determinada coletividade ou agrupamento social'. No entanto, foi da própria Escola Positiva que partiram as críticas ao conceito de delito natural. Ferri, embora admitindo seu valor, lhe fazia várias objeções. Mas foi Durkheim que concluiu pela improcedência do conceito.

2. "*Delito Natural*, é, pois, para Garofalo, "a ofensa feita à parte mais comum do *senso* moral formada pelos sentimentos de piedade e probidade. Ficam fora desta definição os delitos, que poderiam chamar-se artificiais e que se referem essencialmente à organização transitória do corpo social. Assim, sucede com as ações que ameaçam o Estado, com as que ofendem o poder social sem um intuito político, com as que violam alguns direitos dos cidadãos, com as que atacam a legislação especial e com as que transgridem estatutos e regulamentos municipais de ordem pública." (COSTA, 2005, p. 140)

DELLA PORTA, JUAN BATISTA
1535-1616

1. Físico italiano, é considerado o criador da Fisiognomonia.

2. Della Porta preocupou-se com o estudo da aparência externa do ser humano procurando estabelecer uma relação entre físico e psíquico, entre caráter e expressão fisionômica. Via, também, semelhança fisionômica entre delinqüentes e animais selvagens.

Della Porta escreveu *Tratado de Fisiognomonia* em 1640.

V. Fisiognomonia e Fisiognomia.

DEMONOLOGIA

1. A Demonologia estuda a qualidade e a natureza dos demônios. Na Antigüidade e na Idade Média a loucura era atribuída à possessão demoníaca e o louco, submetido a toda espécie de crueldade. Foi somente no século XVI que essa crença começou a desaparecer.

2."A Demonologia buscava conhecer os indivíduos pretensamente possuídos pelo demônio, com o que facilitou e permitiu o florescimento de todas as Inquisições havidas na Humanidade. Esta ciência é que propiciou o aparecimento, na Idade Média, da Psiquiatria. Naquela época, como é sabido, eram considerados como possuídos pelo demônio os loucos e os portadores de alienação mental, que eram sistematicamente caçados e encarcerados, quando não sacrificados pelos terríveis Tribunais da Inquisição espalhados por todo o mundo." (FERNANDES, N.; FERNANDES, V., 2002, p. 64)
V. Estigma do Diabo.

DEPORTAR

1.Autores como Beccaria e Bentham sustentavam que a punição ideal, para quem rompesse o pacto social, seria a deportação, ou seja, a transferência para fora do espaço social: 'você rompeu o pacto social, você não pertence mais ao corpo social, você mesmo se colocou fora do espaço da legalidade, nós o expulsaremos do espaço social onde essa legalidade funciona'. "Aquele que perturba a tranqüilidade pública, que não obedece as leis, que viola as condições sob as quais os homens se sustentam e se defendem mutuamente, esse deve ser excluído da sociedade, isto é, banido." (BECCARIA, 2001, p. 73)

2."Deportação não é pena autorizada pelo nosso Cód. Crim., assemelhando-se ao *banimento*; mas o Governo usa dela para com estrangeiros, como providência autorizada pelo direito das gentes, e sem dependência de algum processo. Do mesmo modo se procede em outros países para com estrangeiros, quando a estada destes no território nacional torna-se perigosa, ou tem qualquer inconveniente." (FREITAS, 1983, t. I, p. 40)

DESNUTRIÇÃO

Segundo Marro as degenerações do criminoso são devidas a uma disfunção do sistema nervoso central em virtude da desnutrição.

DESTERRO

V. Pena de Desterro.

DIAMBA

Maconha.

DIAGNÓSTICO CRIMINOLÓGICO

1. Conhecimento da personalidade do delinqüente com o objetivo de aferir sua periculosidade, sua capacidade ou incapacidade de readaptação ao meio social e a possibilidade de ser ressocializado. Chega-se a esse conhecimento através do exame criminológico, que é a base da Criminologia Clínica.

2. "É oportuno salientar que a palavra diagnóstico, em técnica criminológica, tem um sentido bem diferente do que se concebe em medicina. Para esta ciência o diagnóstico é geralmente uma declaração mais ou menos definitiva acerca da enfermidade do paciente, ao contrário, no campo criminológico é um instrumento de trabalho que permite fixar um critério geral de caráter provisório sobre a índole do delinqüente." (COSTA, 1972, p. 152).

3. O Diagnóstico Criminológico "tem por fim precisar o estado perigoso do sujeito. Por ele se revelam a temibilidade ou capacidade criminal, a sua inadaptação social. Faz-se tal diagnóstico pela verificação da: 1. Capacidade criminal ou temibilidade. 2. Inadaptação social. 3. Síntese dos dois anteriores". (SANTOS, José, 1987, p. 46)

DIAGNÓSTICO DO CRIME

Através do diagnóstico do crime procura-se, "por métodos criminológicos, conhecer o crime, exaurindo sua compreensão filosófico-científica. Este diagnóstico permite estudar a personalidade do delinqüente em todas as dimensões". (SANTOS, José, 1987, p. 46)

DIGITAIS

V. AFIS, Datiloscopia e Identificação Criminal.

DINHEIRO
V. Lavagem de Dinheiro.

DIREITO PENAL MÍNIMO
O Direito Penal Mínimo, ou Criminologia do Minimalismo, é uma das correntes da Criminologia Crítica que tem como objetivo a garantia dos direitos humanos fundamentais. Essa corrente reconhece que o sistema penal é fragmentário e seletivo atuando somente sobre as classes sociais mais frágeis. No Direito Penal Mínimo destacam-se duas tendências: a primeira, sustenta a necessidade da lei penal para a defesa das classes menos favorecidas e, a segunda, entende que a lei penal deve tão-somente limitar a 'violência institucional' representada pela pena e pelo sistema penitenciário.

DIREITO PENITENCIÁRIO
1. O Direito Penitenciário surgiu a partir do X Congresso da Comissão Internacional e Penitenciária realizado em Praga, em 1930. Consiste em um conjunto de normas jurídicas que regulamentam as relações entre o Estado e o condenado durante a execução da pena.

2. "Direito Penitenciário é o conjunto de normas jurídicas que cuidam do tratamento dos sentenciados, atentando para a organização da execução da pena e medidas outras de proteção social e tutela dos direitos da pessoa que delinqüiu." (FERNANDES, N.; FERNANDES, V., 2002, p. 658)

DIREITO PREMIAL
Bentham e Melchiorre Gioia, são apontados como os fundadores da 'teoria do direito premial'.

DNA
1. Ácido desoxirribonucleico; material genético que compreende os genes. O DNA é uma macromolécula composta de uma longa cadeia de desoxirribonucleotídeos unidos por ligações fosfodiéster.

2. "DNA é o ácido desoxirribonucléico, a molécula que contém o código genético, a 'receita para a produção de um ser vivo'. O DNA de um ser constitui seu 'genoma', o conjunto dos 'genes', as unidades do código genético que indicam as informações para a sua fabricação, aquilo que uma pessoa herdou

do pai e da mãe. Ou seja: são seqüências que tratam da intimidade biológica das pessoas, aquilo que de mais íntimo elas têm – a 'fórmula' para produzir outras iguais. O principal do DNA é constituído por quatro 'bases': adenina (A), citosina (C), guanina (G) e timina (T), cuja seqüência na molécula – ATCGTAA, etc. – revela os genes." (BONALUME NETO, *Vida Interior*, artigo, Folha de São Paulo, 07.04.1996.

3."Passamos das obscuras unidades que Mendel chamava de 'fatores', se segregando e se distribuindo independentemente uns dos outros nos núcleos das células sexuais, para a identificação do DNA (ácido desoxirribonucleico) como a base química da herança. Passamos de uma vaga compreensão da relação entre as unidades da herança e o aspecto físico de um organismo para uma compreensão da seqüência de eventos elegantemente organizados pelos quais os fatores de Mendel, hoje chamados de *genes*, expressam sua informação codificada nas células. Passamos da confiança exclusiva na análise gené-

tica clássica para o intercâmbio das técnicas genéticas clássicas com as técnicas moleculares modernas. Hoje, a tecnologia molecular que nos permite manipular o material genético abriu uma visão inteiramente nova de como os genes funcionam, como são regulados e como os defeitos genéticos podem ser detectados, modificados ou corrigidos. Este desdobramento dos conceitos genéticos é muito mais que a construção de uma estrutura na qual podemos interpretar os vários aspectos da hereditariedade. É um modelo de metodologia científica, da genealidade e criatividade humanas, e, acima de tudo, do potencial humano." (SNUSTAD – SIMMONS, 2001, p. 4).

DOCUMENTOSCOPIA
A Documentoscopia é a disciplina que permite a constatação da autenticidade dos documentos e a sua autoria. (SANTOS, José, 1987, p. 51)

DORMIDEIRA
Nome vulgar da Papoula. V. Papoula.

DOUTRINA DA RECIPRO-CIDADE

Doutrina de Platão pela qual os criminosos devem sofrer na mesma medida que fizeram sofrer: "padecer o que fizeram".

DRENCHING

Do inglês *drench* que quer dizer encharcar, embeber, ensopar. Suplício usado na Inglaterra. Consistia na sufocação por meio de água. (SANTOS, José, 1987, p. 52)

DROGAS

A Lei n° 11.343, de 23 de agosto de 2006, adotou a expressão 'droga' para substituir a locução 'substância entorpecente' da Lei n° 6.368, de 21 de outubro de 1976. Entorpecente é o que entorpece, produz sono, torpor. Substância entorpecente é qualquer substância tóxica ou estupefaciente que cause dependência física ou psíquica. Droga é expressão ampla que abrange medicamento ou substâncias entorpecentes, alucinógenas, excitantes, etc. Para fins da Lei n° 11.343/06 consideram-se drogas todas as substâncias ou produtos capazes de causar dependência, assim especificadas em lei ou relacionados em listas atualizadas periodicamente pelo Poder Executivo da União (parágrafo único do art. 1°). A Lei n° 11.343/06 revogou as Leis n° 6.368/76 e 10.409/02.
V. Toxicomania e Tráfico de Drogas.

DURKHEIM, ÉMILE

1858 - 1917

Sociólogo francês, Durkheim foi um dos fundadores da Escola Francesa de Sociologia e quem deu maior impulso à Sociologia Criminal. Foi a primeira pessoa a considerar o crime um fato social. Afirmava que o fenômeno criminal é encontrado em todas sociedades e que não há uma sequer em que não exista um tipo de criminalidade: "O crime não se observa só na maior parte das sociedades desta ou daquela espécie, mas em todas as sociedades de todos os tipos. Não há nenhuma em que não haja criminalidade. Muda de forma, os atos assim qualificados não são os mesmos em todo o lado; mas sempre e em toda parte existiram homens que se conduziam de modo a incorrer na repressão penal". O criminoso era visto por Durkheim como um agente regulador da sociedade: "Contrariamente às idéias correntes, o criminoso já não aparece como um ser radicalmente insociável, como uma espécie de elemento parasitário, de corpo estranho e inassimilável, introduzido no seio da sociedade; é um agente regular da vida social". Partindo da teoria de Quetelet, de que o crime é um fenômeno normal, Durkheim elaborou as teses da sua normalidade e funcionalidade: "O que é normal é simplesmente que exista uma criminalidade, contanto que atinja e não ultrapasse, para cada tipo social, um certo nível que talvez não seja impossível fixar de acordo com as regras precedentes. [...] Classificar o crime entre os fenômenos da sociologia normal, não é só dizer que é um fenômeno inevitável, ainda que lastimável, devido à incorrigível maldade dos homens; é afirmar que é um fator de saúde pública, uma parte integrante de qualquer sociedade sã. [...] Em primeiro lugar, o crime é normal porque uma sociedade isenta dele é completamente impossível. [...] O crime é necessário; está ligado às condições fundamentais de qualquer vida social mas, precisamente por isso, é útil; porque estas condições de que é solidário são elas mesmas indispensáveis à evolução normal da moral e do direito". (DURKHEIM, 2002, pp. 82-90). Três obras de Durkheim são fundamentais para a Sociologia Moderna: *O Suicídio*, *A Divisão do Trabalho Social*, *As Regras do Método Sociológico*. Durkheim escreveu também *As formas elementares da vida religiosa*, *A Evolução Pedagógica na França* (coletânea de cursos por ele proferidos em Paris, de 1902 a 1908).

V. Anomia.

E

ECOLOGIA DA VITI-MIDADE

"Eis porque na atualidade, fala-se em ecologia da vitimidade, posto que, assim como busca-se cuidar de comportamentos desviantes, deve a Polícia voltar suas atenções para o ecossistema criminógeno. Nesse aspecto, é preciso, como já explicitado, que a Instituição Policial realize prevenção vitimológica, ou seja, ensine as pessoas não serem vítimas, uma vez que a criminogênese tem mais assento em fatores mesológicos, do que propriamente em fatores biopsicológicos." (QUEIROZ, RT 698, p. 462)

ECOLOGIA SOCIAL

Ernst Haeckel, biólogo alemão, foi quem usou pela primeira vez, o termo 'ecologia' para designar o estudo do ambiente, na sua obra *Generalle Morphologie de Organismen*. A Ecologia tem conotação com a Sociologia e, neste aspecto, o seu conceito é formulado em função do homem vivendo em sociedade. (COSTA, 2005, p. 379). A Ecologia Social é representada por Rawson W. Rawson que comparou a criminalidade nas regiões agrícolas, fabris, minerais e metropolitanas concluindo que o desemprego e a concentração urbana são importantes fatores da criminalidade. Mayhew, considerado um genuíno precursor da Ecologia Social, procurou demonstrar que "o crime é um fenômeno que se perpetua através de atitudes anti-sociais e pautas de conduta transmitidas de geração a geração em um contexto social caracterizado pela pobreza, pelo álcool, pelas deficientes condições de moradia e pela segurança econômica". (GOMES; MOLINA, 2000, p.173).

ECOMÁFIA

1. A expressão 'ecomáfia' é usada para indicar as organizações criminosas empenhadas na prática de atos ilícitos (crime organizado) contra o ambiente. É a criminalidade organizada contra o ambiente.

2. "Com o termo 'ecomáfia', criado em 1994, a associação ambientalista Legambiente indicou o envolvimento da criminalidade organizada, em todas as suas articulações (Camorra, Ndrangheta, Cosa Nostra, e Nuova Sacra Corona Unita), no ciclo econômico-cultural, a partir do chamado 'ciclo do cimento' até o denominado 'ciclo do lixo', com gravíssimas conseqüências, quer para o ambiente, quer para a economia italiana. [...] Conforme cálculo prudente, o faturamento potencial da ecomáfia atinge um total de 21 bilhões de liras por ano. Os lucros derivam quer das atividades ilícitas, como o tráfico ilícito do lixo em escala nacional e o abuso edilício, tanto nos investimentos públicos como nos privados do 'Mezzogiorno' ('meio-dia', que é a parte sulista da Itália), área mais exposta à penetração mafiosa. [...] Considere-se que o tráfico ilegal do lixo propicia às organizações criminosas ganhos comparáveis aos do tráfico de droga, com riscos enormemente inferiores, de modo que se pode vislumbrar uma verdadeira *holding* empenhada em tirar proveito do tratamento do lixo. [...] No ciclo do lixo o aspecto que causa maior preocupação

é o do tráfico ilegal de material radioativo. [...] Não obstante a exigüidade dos dados que possuímos, numerosos indícios evidenciaram a provável existência de tráficos nacionais e internacionais de lixo e material radioativo, nos quais estão envolvidos expoentes da criminalidade organizada." (PELLEGRINI; COSTA JÚNIOR, 1999, p. 57).

ECSTASY
Droga sintética também conhecida por MDMA (metileno-dioxo-meta-anfetamina). Originária da Alemanha foi, inicialmente, usada como moderadora do apetite. A ecstasy, muito consumida na Europa, provoca transtornos mentais, alucinações, obnubilação da memória, síndrome do pânico, delírio esquizofrênico, danos genéticos e morte. Usada por via oral ou através de injeções endovenosas provoca falsas excitações dos apetites sexuais e, por isto, chamada 'droga do amor'. As máfias polonesas são as principais responsáveis pela disseminação da Ecstasy.
V. Speed.

ÉDITO DE VALÉRIO
Os fisionomistas ressaltavam a inter-relação entre o somático e o psíquico influenciando as mentalidades da sua época. Para Lavater, teólogo suíço, a alma humana reflete-se na face: 'O rosto é o espelho da alma'. O belo é sempre bom e o feio sempre mau. 'Quando se tem dúvida entre dois suspeitos condena-se o mais feio'. No século XVIII, o marquês de Moscardi, terminava suas sentenças com este acápite: 'ouvidas acusação e defesa e examinada a tua face e cabeça...' Prolatava, em seguida, a sentença condenatória aplicando sempre a pena de morte ou de prisão perpétua.

ENDOCRINOLOGIA CRIMINAL
1. A Endocrinologia é o estudo das secreções internas. É aplicada ao estudo da etiologia do crime. Afrânio Peixoto (1953, p. 59) recomenda o conhecimento da endocrinologia pelos juristas.
2. "A endocrinologia psíquica empresta-nos, para o estudo da emoção e dos sentimentos em seus determinantes humorais, elementos novos para

a explicação do crime passional. Por seu lado, a endocrinologia psiquiátrica acaba de reforçar, por sua vez, as razões pelas quais certos crimes e delitos não podem encontrar sua explicação senão na loucura ou antes em certas psicoses. Quando uma endocrinologia criminal chega, aplica ainda ao estudo do criminoso não só os resultados das novas investigações sobre a emoção e os sentimentos, mas também a doutrina endócrina das síndromes clínicas, específicas, de um lado as moléstias do desenvolvimento (cretinismo, acromegalia etc.), de outro as psicoses. Tal é o sentido e o valor duma experiência feita sob as orientações preciosas do eminente Dr. Papillaut, na França, e do Dr. Goering na Alemanha, por numerosos biologistas e mesmo juristas, na Itália; depois M. Pende, M. Vidoni e outros. Segundo eles, o delito, assim como a loucura e o suicídio, não é senão uma *manifestação mórbida da alma*. Todavia a endocrinologia criminal, com o estudo do criminoso considerado doen-te, deve se entregar à investigação das formas criminais, mais ou menos graves, cujo fator determinante é uma leve alteração das funções endócrinas, mas que é de grandes conseqüências no domínio dos sentimentos e das emoções. Isto é, investigações sobre indivíduos delinqüentes sãos e normais, autores de crimes cuja causa, bioquímica, uma das causas antropológicas, seria uma fraca hipossecreção ou hipersecreção interna, duma das glândulas cuja função é conhecida. Numa palavra, o que nos falta é uma endocrinologia criminal *integral*: anormalista e também normalista." (SALDAÑA, 2003, p. 183).

ENDOGAMIA
Cruzamento de parentes.

ENFORCAMENTO
V. Pena de Enforcamento.

ENTORPECENTES
V. Drogas e Tráfico de Drogas.

EPADU
Similar da coca, é cultivado em várias regiões do Brasil principalmente no rincão amazônico.

ERGÁSTULO
Prisão, cárcere. Prisão romana destinada aos escravos condenados a trabalhos forçados.

ESCOLA ANTROPOLÓGICA
A Escola Antropológica, também chamada Nuova Scuola, Escola Determinista e Escola Italiana de Direito Penal, é uma variante da Escola Positiva. Essa Escola, que é uma variante da Escola Positiva, estudou o delinqüente e o crime preocupando-se, também, com a prevenção do delito. Para seus adeptos a pena não é apenas um castigo que deve ser imposto ao criminoso mas, principalmente, um meio de defesa social. O fundador da Escola Antropológica foi Cesare Lombroso e seus principais representantes foram Ferri, Garofalo, Puglia, Altavilla, Berenini, Fioreti, Magno, Florian, Despine, Fere, etc. (FERNANDES, N.; FERNANDES, V., 2002, p. 655)
V. Criminologia Positiva e Antropologia Criminal.

ESCOLA ANTROPOS-SOCIAL
Também denominada Escola de Lyon e Escola Criminal-Sociológica.
V. Escola de Lyon.

ESCOLA AUSTRÍACA
A Escola Austríaca defende a concepção enciclopédica da Criminologia. Para esta Escola, a meta específica da Criminologia é a luta preventiva e repressiva contra o delito.

ESCOLA CARTOGRÁFICA
Também chamada Estatística Moral ou Escola Geográfica, a Escola Cartográfica sustenta que o método mais adequado para a investigação do crime é o estatístico. Para essa Escola, o crime é um fenômeno social, de massas, e não um fato individual. É um fenômeno normal, inevitável, constante, regular e necessário que se repete com absoluta periodicidade e com precisão mecânica: "Cada sociedade tem sua taxa de criminalidade anual tão inexorável como a taxa de nascimentos ou falecimentos. Qualquer sociedade, em todo momento, deve pagar esse tributo, inseparável de sua organização, fatal". (GOMES; MOLINA, 2000, p.170). A Escola cartográfica foi a ligação, a ponte, entre a Criminologia Clássica e a Criminologia Positiva. Seus

ESCOLA CLÁSSICA

principais representantes foram Adolphe Quetelet, André-Michel Guerry, Fregier, Mair, Maygew.

ESCOLA CLÁSSICA

1. Para a Escola Clássica, o delito era uma infração à lei, ao pacto social que estava na base do Estado e do direito. Os clássicos não se preocuparam com a etiologia do delito. Sustentavam que o crime era conseqüência da vontade livre e consciente do seu autor. O delinqüente, também, não foi objeto do seu estudo. Não o consideravam diferente dos não delinqüentes. A pena, para os clássicos, era o castigo justo pelo comportamento reprovável, voluntário e consciente. No entanto, em uma época em que se admitia a pena de morte e a tortura, a Escola Clássica debateu-se pela humanização das penas.

2. Para a Escola Clássica "o delito era a infração da norma e o delinqüente o sujeito ativo desta infração. Os clássicos renunciaram a toda análise etiológica do fato delitivo: não assumiram o estudo de suas causas, dos fatores individuais ou sociais que contribuem para ele, das suas variá-veis. Predominava neles o desejo sistemático consistente em elaborar um conjunto de categorias abstratas – um sistema –, ao qual pudesse ser reconduzido qualquer problema interpretativo concreto, com a finalidade de assegurar a aplicação correta da lei à realidade e ao caso. Valeram-se, para isso, de um método formal, abstrato e dedutivo, que permitia a construção de impecáveis aparatos conceituais, partindo de uma rica gama de dogmas extraídos do Direito Natural. Este posicionamento, logicamente, só pôde oferecer uma imagem formal do delito, insatisfatória e sem vida, resultando ineficaz para a luta e prevenção do mesmo". (GOMES; MOLINA, 2000, p. 150)

3. "Quando se fala da escola liberal clássica como antecedente ou como a 'época dos pioneiros' da moderna criminologia, se faz referência a teorias sobre o crime, sobre o direito penal e sobre a pena, desenvolvidas em diversos países europeus no século XVIII e princípio do século XIX, no âmbito da filosofia política liberal clássica. Faz-se referência, particularmente, à obra de Jeremy Bentham na In-

glaterra, da Anselm von Feuerbach na Alemanha, de Cesare Beccaria e da escola clássica de direito penal da Itália." (BARATTA, 2002, p. 32)

4. A Escola Clássica teve como precursor Cesare Beccaria e, como partidários, Francesco Carrara, Romagnosi, Jeremy Bentham, Anselm von Feuerbach, Filangieri, Pagano, Rossi, Carmmignani, Ortolan e outros.

ESCOLA CRIMINAL-SOCIO-LÓGICA

V. Escola de Lyon.

ESCOLA CRÍTICA

A Escola Crítica é uma variante da Escola Positiva. Tanto quanto a Escola Clássica tem seu fundamento no contrato social. É também denominada: Escola Eclética (denominação dada por Ferri), Terza Scuola (como a chamava Emanuele Carnevalle na obra *Diritto Criminale*), e, ainda, Escola de Positivismo Crítico. Bernardio de Alimena, seu maior defensor, a chamava de Escola do Naturalismo Crítico e, Afrânio Peixoto, de Escola Pragmática. Para a Escola Crítica "As so-

ciedades têm os criminosos que merecem" (Lacassagne), o delinqüente é produto de más condições sociais e o fim da pena é a defesa social, no que não diverge da escola Antropológica. Seus postulados são: a) Direito Penal e Criminologia são ciências independentes; b) o crime é resultado de fatores endógenos e exógenos (o meio exerce influência sobre o indivíduo que pode ter predisposição para o crime); c) penalistas e sociólogos devem lutar pelas mudanças sociais e tentar modificar a condição de vida das massas. Foram partidários dessa Escola: Tarde, Lacassagne, Manouvrier, Laurent, Colajanni, Alimena, Von Liszt, Bataglia, Carnevalle, Baer, José Higino, Clóvis Beviláqua e outros.

ESCOLA ECLÉTICA

Denominação dada por Ferri à Escola Crítica.
V. Escola Crítica.

ESCOLA DE DEFESA SOCIAL, NOVA

Ou Movimento de Defesa Social.
V. Defesa Social, Nova Defesa Social.

ESCOLA DE LYON

1. Também chamada Escola Antropossocial ou Criminal-sociológica. Seus principais representantes foram Lacassagne, Aubry, Topinard, Martin y Locard, Bournet y Chassinand, Coutage Massenet. Seus adeptos eram principalmente médicos que se deixaram influenciar por Pasteur. A Escola de Lyon foi difundida, principalmente, pela revista *Archives de L' Antropologie criminelle et des sciences penales* fundada, em 1886, por Lacassagne e por Gabriel Tarde.

2. "A Escola de 'Lyon' [...] demonstrou um grande conhecimento das 'causas sociais' do crime, embora sob a influência de um acentuado realismo radical ou materialismo social." (GOMES; MOLINA, 2000, p. 190, nota 56)

ESCOLA DE MARBURGO

V. Escola de Política Criminal.

ESCOLA DE POLÍTICA CRIMINAL

1. A Escola de Política Criminal é também conhecida por Escola de Marburgo ou Jovem Escola Alemã de Política Criminal.

2. O mais importante representante dessa escola foi Franz Von Liszt que fundou, com o criminalista belga Adolpho Prins e Van Hamel, a Associação Internacional de Criminalística, que pregava a necessidade de investigar cientificamente as causas do crime e os meios necessários para combatê-lo. Seus postulados são os seguintes: análise científica das causas do crime; relativização da questão do livre-arbítrio; a defesa social é o objetivo principal da pena.

ESCOLA DO NATURALISMO CRÍTICO

V. Escola Crítica.

ESCOLA DO POSITIVISMO CRÍTICO

V. Escola Crítica.

ESCOLA MODERNA ALEMÃ

V. Escola Socialista Alemã.

ESCOLA NEOCLÁSSICA DE DIREITO PENAL

Para a Escola Neoclássica o crime é um ato ilegal, um ilícito jurídico. A pena funciona como intimidação geral e repressão ocasional. O delinqüente, por sua vez, é social e individualmente responsável se puder compreender o ato que praticou; "pelo fortalecimento do sentimento jurídico, que a certeza da punição traz à sociedade, previne-se a maior parte dos crimes previníveis". (PEIXOTO, A. 1953, p. 48). Seus principais partidários foram Manzini, Rocco, Massari.

ESCOLA NEOPOSITIVA DE DIREITO PENAL

A Escola Neopositiva de Direito Penal entende que o crime é ato biossocial, revelador da periculosidade do criminoso que deve ser tratado. A sociedade deve se proteger do delinqüente através de medidas de segurança. Para a Escola Neo-Positiva o fim da pena é a intimidação geral e a repressão ocasional. São partidários dessa Escola: Quintiliano Saldaña, Mendes Correia, Florian, Puglia, Jimenes de Asúa, etc.

ESCOLA POSITIVA

1. Os precursores da Escola Positiva foram Benthan, Romagnosi, Feuerbach. Para os positivistas, o crime é um fenômeno social e a pena instrumento de defesa da sociedade de-

vendo servir para recuperar o infrator. São variantes dessa Escola: Escola Antropológica ou Nuova Scuola, Crítica, Eclética ou Terza Scuola.

2. "O positivismo penal teve seu grande reformulador em Ferri (1859-1929), rompendo contra o livre-arbítrio, viu a gênese do delito nas condições ambientais, na necessidade social, como também, nas condições individuais físicas e psíquicas do infrator. Assim, a pena não deveria ser a retribuição de uma culpa moral com um castigo proporcionado, senão um conjunto de medidas sociais (preventivas e repressivas), que preservassem o indivíduo e a sociedade." (COSTA, 2005, p. 151)

3. "A escola positiva achou a porta aberta. O crime seria uma determinação de condições intrínsecas ou internas do criminoso, doente, fadado para a delinqüência, até especificamente. Se o crime é apenas uma manifestação violenta e anti-social, se apenas revela como sintoma um doente, é esse criminoso que interessa e que é preciso tratar. A penalogia reduz-se apenas a uma defesa social, contra o criminoso temível,

segregado na prisão, como o pestífero no isolamento, para não malfazer, morto até se incurável, para tranqüilidade pública." (PEIXOTO, A., 1953, p. 32)
V. Escola Antropológica Criminal.

ESCOLA POSITIVO-NATURALÍSTICA

Clóvis chamava Escola Positivo-Naturalística a Escola Antropológica.
V. Escola Antropológica.

ESCOLA PRAGMÁTICA

Denominação dada por Afrânio Peixoto à Escola Crítica ou Terza Scuola.
V. Escola Crítica.

ESCOLA SOCIALISTA ALEMÃ

Também chamada Escola Moderna Alemã, é considerada a mais notável corrente eclética do século XX. Apoiada por Durkheim essa Escola tem seu fundamento na dialética e não no contrato social. Para a Escola Socialista Alemã, a pena tem "função preventiva geral e especial, aquela advertindo a todos e esta quando recai sobre o criminoso". (FERNANDES, N.; FERNANDES,

V., 2002, p. 655). Seus principais adeptos foram Von Liszt, Meyer, Franz Exner, W. Goldschmidt, Ebrhard Schmidt, Edmundo Mezger.

ESQUIROL, JEAN ÉTIEN-NE DOMINIQUE
1772-1840

1. Discípulo de Philippe Pinel, Esquirol relacionou a loucura à criminalidade. Escreveu: *Psicologia Natural e estudos sobre o estado psicológico dos delinqüentes.*
2. "Esquirol, o grande teórico da Psiquiatria do século XIX, discípulo de Pinel, assumiu o enfoque frenológico quando estudou as 'manias' – loucuras parciais, setoriais – distinguindo três classes delas: intelectivas, afetivas e parciais, instintivas. Assim como seu mestre, teve que enfrentar a convicção da época que via nestes e noutros transtornos o reflexo de uma personalidade demoníaca, absolutamente alienada e incurável." (GOMES; MOLINA, 2000, p. 166)
V. Loucura Moral e Monomania.

ESTATÍSTICA CRIMINAL
1. Quetelet, juntamente com Guerry, Maair, Fregier e Maygew, criou o método estatístico.

2. A Estatística Científica precedeu a Estatística Criminal que relaciona o fenômeno criminal em cifras no tempo e no espaço. "O trânsito da estatística primitiva, rudimentar, à estatística científica teve lugar no final do século XVIII e princípio do século XIX. [...] O espírito reformador, pois, dos primeiros cientistas sociais, que se sentiram na obrigação moral de dar uma resposta aos graves problemas sociais de prover da oportuna base científica a política social e, de outro lado, a progressiva identificação do paradigma científico com os métodos quantitativos e estatísticos, o surgimento dos censos populacionais, os estudos demográficos e registros, cada vez mais perfeitos e complexos, até a generalizada institucionalização dos mesmos, terminariam por impor um novo enfoque do problema criminal: o estatístico." (GOMES; MOLINA, 2000, p.169) V. Quetelet, Adolphe.

ESTATÍSTICA MORAL
Ou Escola Cartográfica.
V. Escola Cartográfica; Quetelet, Adolphe.

ESTATUTO DE ROMA
O Estatuto de Roma traça as bases para a jurisdição do Tribunal Penal Internacional.
V. Tribunal Penal Internacional.

ESTIGMA
Sinais físicos ou psíquicos que caracterizam os delinqüentes.

ESTIGMA DO DIABO
Stigma diaboli. A marca ou selo do diabo.

ESTRIPADOR DE YORKSHIRE
"De todos os imitadores do estilo Jack, o Estripador, ao longo dos anos, talvez o mais famoso e notório tenha sido o Estripador de Yorkshire, que nocauteava e esfaqueava mulheres, a maior parte delas prostitutas, no norte da Inglaterra, de 1975 a 1980. Ocorreram oito mortes e três mulheres conseguiram escapar. O caso tornou-se a maior caçada humana na história da segurança pública britânica." (DOUGLAS; OLSHAKER, 2002, p. 61).

ETA
1. Pátria Basca e Liberdade. Organização terrorista basca fundada em 1959. Tem como

objetivo a criação do Estado Basco independente no nordeste da Espanha e Sudoeste da França.

2. "O Euskadi Ta Askatasuna (Pátria Basca e Liberdade), ou ETA, nasceu como um grupo de combate ao regime do Generalíssimo Francisco Franco e teve um papel importante na redemocratização do país. No fim de 1973, o grupo assassinou o almirante Carrero Blanco, apontado como sucessor de Franco. Uma vez implantada a democracia, dedicou-se à causa separatista do País Basco, formado por quatro províncias no norte da Espanha e três no sudoeste da França, onde se fala uma língua sem raiz conhecida." (PADILLA, 2003, p. 78)

ETIOLOGIA CRIMINAL

Ciência que estuda as causas da criminalidade. Para alguns autores a Etiologia Criminal e a Criminologia se fundem por serem conceitos idênticos. Von Liszt, por exemplo, afirma que 'a teoria do crime, causal e explicativa, pode ser chamada Criminologia, ou etiologia da criminalidade'.

ETNOLOGIA CRIMINAL

1. A Etnologia Criminal é um ramo da Antropologia Criminal.

2. "Há uma 'etnologia' ou 'antropologia' que estuda o homem, as raças humanas, pretendendo devassar-lhes o mistério das diferenças." (PEIXOTO, A., 1953, p. 11)

3. "O estudo do criminoso como *raça à parte*, o estudo da pretendida raça criminal, deveria antes ser chamado de *etnologia criminal.*" (SALDAÑA, 2003, p. 155)

EUROPOL

Polícia Judiciária supranacional fundada em 1993 pelos países da União Européia.

EVA

Ecstasy.
V. Ecstasy.

EXAME CRIMINOGRÁFICO

Hilário Veiga de Carvalho chamava Exame Criminográfico o exame criminológico.
V. Exame Criminológico.

EXAME CRIMINOLÓGICO

O exame criminológico tem como objetivo o conhecimento integral do homem que delinqüiu. A Criminologia Clínica, através do exame criminológico, estuda a personalidade do criminoso, sua propensão para a delinqüência, sua perigosidade, sua sensibilidade à pena e a possibilidade de reeducá-lo. "As fases constitutivas desse exame criminológico são: os exames clínicos-psiquiátricos e psicológicos e mais a investigação social, que deverão ao final oferecer um diagnóstico, um prognóstico e se for o caso, a recomendação de tratamento." (FERNANDES, N.; FERNANDES, V., 2002, p. 246)

EXTENSÃO, TEORIA

Pela Teoria da Extensão o crime não desaparece, transforma-se.

EXTRADITAR

1. Ato pelo qual um Estado entrega, à justiça de outro, a pessoa reclamada para que seja julgada ou, se condenado, para que seja punida. A extradição é ativa em relação ao Estado que a solicita e, passiva, em relação ao Estado que a concede. Ocorreu, por exemplo, extradição ativa no caso de Fernandinho Beira-Mar que foi extraditado da Colômbia para o Brasil, e extradição passiva, no caso de Glória Trevi que foi extraditada do Brasil para o México. Compete ao STF processar e julgar originariamente a extradição solicitada por Estado estrangeiro. (Art. 102, I, g, da Constituição Federal).
2. A Constituição Federal dispõe, no art. 5°, LI: "nenhum brasileiro será extraditado, salvo o naturalizado, em caso de crime comum, praticado antes da naturalização, ou de comprovado envolvimento em tráfico de entorpecentes e drogas afins, na forma da lei".
3. "...a impossibilidade de extradição do brasileiro naturalizado somente se dá em relação a crime praticado após a solene entrega do certificado de naturalização pelo juiz federal, exceto se se tratar de tráfico ilícito de entorpecentes e drogas afins, na forma da lei. Mas como o art. 5°, LI, da Constituição Federal é norma constitucional de eficácia limitada, e não havendo sido editada ainda a lei reguladora, por ora, mesmo que se trate de tráfico ilícito de entorpecentes e drogas afins não se admite a

extradição". (DEMO, Revista Consulex, ano X, n° 222, p. 39). V. Lei n° 6.815/80 (Estatuto do Estrangeiro) modificada pela Lei n° 6.964, de 09.12.81.

EXUMAR
Tirar da sepultura.

EZIOLOGIA DO DELITO
Lombroso deu grande importância ao que chamou 'eziologia do delito' que vem a ser "a ação humana em razão do clima, da natalidade, da população, do alcoolismo, etc." (COSTA, 2005, p.129)

F

FALANGE VERMELHA
Organização criminosa que nasceu no presídio de Ilha Grande.

FALCÃO
(Gír.) Olheiros do tráfico.

FALSO DELINQÜENTE
Para Lombroso, falso delinqüente ou pseudocriminoso é o ocasional e o passional. É, também, o 'criminoso momentâneo' ou 'instantâneo' de Von Liszt.
V. Criminoso Ocasional.

FARC
1. Forças Armadas Revolucionárias da Colômbia. Organização Criminosa considerada o maior 'grupo guerrilheiro' da Colômbia. Está envolvida com tráfico de drogas, terrorismo, extorsão, etc. Criminosos de diversos países juntam-se às FARC para a prática, em conjunto, de várias atividades criminosas.
2. "A guerrilha, hoje reduzida de cerca de 17 mil para 10 mil homens, possui helicópteros, avionetas, lanchas rápidas, mísseis e até submarinos, que

emprega no transporte de drogas. Suas fardas, botas e apetrechos de sobrevivência na selva são em geral novos e de boa qualidade. Muitas frentes da guerrilha pagam soldos regulares, que podem chegar aos R$ 1 mil ou mais, bem acima do rendimento de um camponês comum." (O Estado de S. Paulo, 11.06.06, A14).

FARINHA
(Gír.) Cocaína.

FATF
Financial Action Task Force *on Money Laundering*. Organismo Internacional, também conhecido por 'GAFI' (*Groupe d' Action Financière Internationale*), criado em Paris, durante o encontro dos chefes de Estado das sete maiores nações industrializadas (G-7) e o presidente da Comissão das Comunidades Européias, em 06.02.90, com o objetivo de elaborar e examinar medidas destinadas ao combate da lavagem de dinheiro.

FEBRE DAS CADEIAS
V. Contágio Carcerário.

FENOMENOLOGIA CRIMINAL
Seelig chamou a Criminalística de Fenomenologia Criminal. V. Criminalística.

FELONIA
Traição. "Em sentido extenso [...], se toma por toda sorte de crimes, em que se atenta contra a pessoa de outrem, excetuado o crime de lesa-majestade. Palavra sem uso no Brasil." (FREITAS, 1983, p. 80)

FERRETE
Ferro usado para marcar os escravos e os criminosos. Sinal de ignomínia. V. Marcas.

FERRI, ENRICO
1856-1929
1.Ferri, professor universitário, advogado criminalista e político, é considerado o fundador da Sociologia Criminal. Usou a expressão 'sociologia criminal' para substituir o título de sua obra *Os Novos Horizontes do Direito e do Processo Penal*, edição de 1891. Nesse livro, contesta a Teoria do Atavismo de Lombroso demonstrando que os fatos geradores do crime são de

natureza, econômica, política, racial, climática e, principalmente, moral e educacional. Ferri classificou os criminosos em 'natos', 'loucos', 'passionais', 'ocasionais', 'habituais' e 'pseudocriminosos' (culposos). A sua tipologia criminal foi adotada pela Escola Positiva e é considerada a mais perfeita da Ciência Criminológica. Ferri formulou as Leis de Saturação e de Supersaturação criminais. Na sua Teoria dos Substitutivos Penais, sugere uma série de medidas preventivas dos delitos, dispensando o Direito Penal. Sua mensagem encerra-se na frase: "Menos Justiça Penal e mais Justiça Social". Sua tese de doutorado intitula-se: *Da Teoria da imputação e a Negação do Livre-Arbítrio*.

2."Ferri é justamente conhecido por sua equilibrada teoria da criminalidade (equilibrada apesar da sua particular ênfase sociológica), por seu programa ambicioso político-criminal (substitutivos penais) e por sua tipologia criminal, assumida pela *Scuola Positiva*. Ferri censurou os 'clássicos' porque renunciaram a uma teoria sobre a gênese da criminalidade, confor-

mando-se em partir da constatação fática desta, uma vez ocorrida. Propugnava, em seu lugar, por um estudo 'etiológico' do crime, orientado à busca científica de suas 'causas'." (GOMES; MOLINA, 2000, p. 181)
V. Leis da Saturação Criminal; Teoria dos Substitutivos Penais.

FEUERBACH, PABLO ANSELMO VON
1775-1833.
Feuerbach é considerado o fundador da moderna ciência do direito punitivo.

FILOSOFIA UTILITARISTA
A Filosofia Utilitarista, criada por Bentham, ocupa-se da prevenção e da profilaxia da criminalidade. Tem sua base no postulado: 'o maior bem-estar para o maior número'.

FISIOGNOMIA
O mesmo que fisiognomonia. Seixas Santos (1987, p. 7) estabelece diferença entre a Fisiognomia e a Fisiognomonia dizendo que, enquanto a Fisiognomia cuida de conhecer o caráter das pessoas pelos tra-

ços fisionômicos, a Fisiognomonia estuda a semelhança fisionômica entre duas pessoas como, por exemplo, a do filho com seu pai.

FISIOGNOMONIA

1. É o conhecimento do caráter do homem pela sua fisionomia. Interpretação dos traços humanos. Os fisiognomonistas que estudavam o caráter das pessoas pela sua expressão facial, pelo seu aspecto físico, afirmavam que o rosto denunciava a maldade ou bondade. É o julgamento do interior pelo exterior. A Fisiognomonia é precursora da Frenologia.

2. A Fisiognomonia nasceu na Idade Média com Juan Batista Della Porta. Saldaña (2003, p.164), no entanto, afirma que a Fisiognomonia foi criada por Lavater: "A *fisiognomonia*, criada por Jean Gaspard Lavater, supondo a influência predominante do psíquico sobre o físico, da ação sobre a conformação, propõe-se descobrir as inclinações pela *expressão facial*, a partir da *efusão pessoal (a fisionomia é o espelho d' alma)*".

3. "O grande serviço de Lombroso foi a documentação da antiga conjetura (ele mesmo citou Homero, Salomão, Aristóteles, Avicenna, Della Porta) da influência do físico no psíquico. Esta influência é recíproca, donde a integração. As expressões não estão nas formas e sim nos gestos, nos movimentos. O estelionatário, por exemplo, procura a máscara da boa-fé, da sinceridade. A *caftina* assume fisionomia maternal. A morte é que faz a cara *patibular no condenado*. O carrasco, sim, deveria trazê-la. A fotografia na carteira de identidade parece resultar de um foco celerado indistinto. É à cara da aparência ou do disfarce que o povo se refere jocosamente: 'está na cara'." (LYRA; ARAÚJO JÚNIOR, 1992, p. 42)

4. A Fisiognomonia e a Frenologia legaram, para a posteridade, subsídios para a Medicina e Literatura. (FERNANDES, N.; FERNANDES, V., 2002, pp. 64, 75)

5. "Segundo a nossa opinião, se as almas fossem visíveis aos olhos do corpo, veríamos distintamente essa coisa estranha, isto é: cada indivíduo da

espécie humana corresponde a alguma das espécies do reino animal; poderíamos reconhecer facilmente a verdade, apenas entrevista pelo pensador, de que, desde a ostra até a águia, desde o porco até o tigre, todos os animais estão no homem e cada um deles num único homem. Às vezes, até muitos de uma só vez." (HUGO, 2002, v. 1, p.170) V. Édito de Valério.

FISIONOMIA PATIBULAR
Para Garofalo a fisionomia patibular, a expressão facial má, é típica dos encarcerados.

FISIONOMISTAS
Os mais conhecidos fisionomistas são Juan Batista Della Porta, Gratorolli de la Chambre, Mantegazza, Casper e Darwin.

FOTOGRAFIA SINALÉTICA
Meio de identificação. "Consiste, de acordo com as regras de Afonso Bertillon, em se fotografar de frente e de perfil direito o examinando, na redução fixa de 1/7. As provas assim obtidas permitem a comparação com outras, com ele-

mentos que se superpõem e o estudo dos pormenores fixos da cabeça, prescindindo-se daqueles que a vontade do indivíduo pode modificar. É o que acontece com a altura, largura e forma de fronte, o aspecto da fenda palperal, a forma e dimensões do nariz, dos lábios, do mento e, principalmente, do pavilhão da orelha." (FÁVERO, 1962, p. 140)

FOGUETEIROS
(Gír.) Geralmente crianças a serviço do crime. "O lado jurista dos traficantes descobriu a vulnerabilidade da lei para as crianças de até 12 anos. Muitas são contratadas como *fogueteiras*, cuja função é soltar fogos de artifício para avisar quando policiais ou estranhos estão se aproximando de pontos considerados estratégicos." (SOUZA, Percival, 2002, p. 67).

FOTO POLÍGRAFO
Cárdio-pneumo-psicograma. Detector de mentiras inventado por J.A. Larson, da Clínica Psiquiátrica da Recorder's Court, de Detroit. Tal aparelho foi aperfeiçoado por Chester

Barrouw que lhe deu o nome de Foto Polígrafo. Larson, contudo, não admite o uso do detector de mentiras pela justiça criminal por considerá-lo falível. (SANTOS, José, 1987, p. 17)

FREIRE, BASÍLIO

Basílio Freire, influenciado pela psicologia de sua época, elaborou importantes estudos de Antropologia Patológica. Publicou, em 1885, sua tese de doutorado na faculdade de Medicina de Coimbra intitulada *Os Degenerados* onde "traça toda a complicada sintomatologia dos degenerados. E, assim, anota a regularidade impressionante com que apresentam as mais variadas malformações cranianas, combinadas, com as da face – a macro e microcefalia, a saliência exagerada das bossas frontais, a exigüidade, a assimetria ou forma ogival da abóbada palatina, o prognatismo neanderthalóide, a deformação dos ossos do nariz, a implantação viciosa dos dentes, a sua cárie e queda prematura, o estrabismo, a falta de homogeneidade de cor da íris, a abundância de pêlos faciais na mulher e a falta de-

les no homem, o lábio leporino, a excessiva lealdade etc." (COSTA, 2005, p. 132)

FRENOLOGIA

1. Também Craneometria, craneoscopia. Os fisiognomonistas estudavam o caráter das pessoas analisando os traços do rosto. Os frenólogos, por sua vez, estudavam, além dos traços fisionômicos, a configuração do crânio, da cabeça. A Frenologia sucedeu a Fisiognomonia e é precursora da Neurofisiologia e da Neuropsiquiatria. Foi a partir da Frenologia que surgiram teorias explicando a violência e a criminalidade através de fatores constitucionais. A Frenologia foi fundada no século XIX, pelo médico e anatomista austríaco, Franz Josef Gall. Os mais conhecidos frenólogos são: Joseph Gaspard Lavater, Franz Josef Gall, Lauvergne, De Rolandis, Lucas, Virgílio e outros.

2. "A *frenologia*, de François-Joseph Gall, dada a influência determinante do físico sobre o psíquico, da conformação sobre a ação, pretende revelar as capacidades pela *confi-*

guração cefálica, com o postulado das *localizações cerebrais (cada faculdade tem sua sede)*." (SALDAÑA, 2003, pp.164, 210)
V. Franz Josef Gall.

FUMO D' ANGOLA
1. Haxixe.

2. "...Trouxeram os chineses o costume do uso do ópio, disseminado em seu País por portugueses e ingleses, enquanto os africanos que vieram para as plantações de cana-de-açúcar e algodão, trouxeram a Cannabis, que tinham o nome vulgar de 'fumo d' Angola'." (VIEIRA, 2004, p. 48)

G

GAFI

Groupe d' Action Financière Internationale. Agência internacional de combate à lavagem e reciclagem de dinheiro proveniente do crime.
V. FAFT.

GALÉS

De Galé, Galera. Embarcação a vela e remos.
V. Pena de Galés.

GALL, FRANZ JOSEF
1758-1828
1. Médico e anatomista austríaco, é apontado como o verdadeiro fundador da Antropologia Criminal. Foi quem primeiro estabeleceu relação entre a personalidade do delinqüente e o delito praticado. Gall, que elaborou um mapa cerebral dividido em trinta e oito regiões, entendia que a forma do crânio era responsável pelo comportamento humano. Lombroso foi fortemente influenciado pela teoria de Gall sobre vultos cranianos. Sua principal obra intitula-se *Les Fonctions du Cervau*. Escreveu, também: *Introdução ao curso de Fisiologia do Cérebro, Anatomia e Fisiolo-*

gia do Sistema Nervoso em Geral e do Cérebro em Particular, Das Disposições da Alma e do Espírito. A obra de Gall foi difundida na Inglaterra por Spurzheim que acreditava que muitas doenças mentais são afecções cerebrais.

2. "Para Gall o crime é causado por um desenvolvimento parcial e não compensado do cérebro, que ocasiona uma hiperfunção de determinado sentimento. De fato, este autor acreditou haver podido localizar em diversos pontos do cérebro um instinto de agressividade, um instinto homicida, um sentido de patrimônio, um sentido moral etc." (GOMES; MOLINA, 2000, p. 164)

3. "Segundo Gall as tendências comportamentais do homem se originam de lugares determinados do cérebro, e aquelas mais predominantes ocasionam protuberâncias sobre o crânio em forma de calombos, facilmente localizáveis pela simples apalpação. Gall organizou um mapa dessas saliências a indicarem a conduta predominante no indivíduo, desde a passividade absoluta à rebeldia incontrolável, a bondade ou a maldade, a honestidade e, a sua *contrario senso*, a inteligência maior ou menor. Existem, na Europa, gravuras sobre esse assunto que podem ser observadas em museus com as indicações das regiões do crânio, das saliências e respectivas tendências." (FERNANDES, N.; FERNANDES, V., 2002, p.74) V. Frenologia.

GANSO

1. (Gír.) Informante da polícia; delator; alcagüete; 'dedo-duro'; X-9.

2. "Ao se transformar em dedo-duro, alcagüete, ganso, informante, sonhava com o desconto de alguns de seus muitos anos de prisão para cumprir e sair mais depressa." (SOUZA, Percival; 2002, p. 120)

GAROFALO, RAFFAELE
1852-1934

1. Da Escola Positiva da Itália juntamente com Cesare Lombroso e Enrico Ferri. Para esse magistrado, a Criminologia é a ciência da criminalidade, do delito e da pena. Dividiu os criminosos em quatro categorias: assassinos, violentos ou enérgi-

cos, ladrões ou neurastênicos e cínicos. Os cínicos são que cometem crimes contra os costumes. Garofalo cunhou a expressão 'crime natural'.

2. Defendia a pena de morte, o abandono do criminoso e sua expulsão do país. "As propostas de Garofalo, nesse sentido, levantaram contra ele terrível onda de indignação, pois não se entendia como um magistrado como ele preconizasse medidas tão draconianas, tendo ele respondido que a piedade e a probidade são sentimentos altruístas que se exercem entre os semelhantes e não com estranhos, como seres de outra espécie, que considerava como integrante do *genus homo delinquens*." (FERNANDES, N.; FERNANDES, V., 2002, p. 97)

3. Sua principal obra foi *Criminologia*. Escreveu, também, *Ripprazione alle vittime dei delitti, La Supertition Socialiste*.

V. Crime Natural.

GARROTE

Anel de ferro usado antigamente na Espanha, para estrangular o condenado até a morte.

GENÉTICA

Ciência da hereditariedade e da variação. Gregor Johann Mendel, monge austríaco, foi quem descobriu as leis fundamentais da herança.

V. Lei 8.974 de 05.01.1995 que dispõe sobre o patrimônio genético, técnicas de engenharia genética e liberação, no meio ambiente, de organismos geneticamente modificados.

V. DNA.

GENÉTICA CRIMINAL

1. A Genética Criminal é um ramo da Criminologia. Pensou-se, em uma determinada época, que a propensão para a delinqüência fosse hereditária. No entanto, não é possível afirmar que exista uma relação entre bagagem genética e comportamento criminoso. Pesquisas realizadas nessa área não levaram, ainda, os geneticistas a uma conclusão segura.

2. "...para as aplicações da Genética no campo da Criminologia, muitos geneticistas vêm procurando identificar a transmissibilidade e a preponderância de fatores ligados aos genes que proporcionariam o crime. Indaga-se a existência ou

não de uma influência genética, inata, herdada, como co-partícipe do ato criminoso. [...] Vários estudos, buscando constatar e demonstrar a importância dos genes na conduta anti-social criminosa, têm sido realizados, sem, contudo, assegurar com certeza a relação existente entre nossa bagagem genética e o comportamento criminoso". (SOUZA, Paulo, 2001, p. 112)

3. "As pesquisas de genética molecular nos deram poderosos instrumentos para estudar os genes. Em 1985, Kary Mullis desenvolveu uma técnica chamada de *reação em cadeia da polimerase (PCR)* que permite aos pesquisadores colher uma pequena amostra de DNA, talvez uma só célula, e produzir milhões de cópias de DNA para uso em análise molecular. Tem-se aplicado esta técnica em ciência forense, o uso de técnicas científicas em assuntos legais. Com o uso da PCR, o DNA isolado de uma pequena amostra de tecido, às vezes um só espermatozóide, leucócito, ou folículo piloso, recuperada da cena de um crime, pode ser submetida a uma detalhada análise molecular. Os cientistas forenses usam um tipo de análise de DNA chamada *fingerprinting de DNA* para examinar a variação na seqüência das subunidades que compõem o DNA. Uma amostra de tecido que não pertence à vítima, como um folículo piloso, uma gota de sangue, ou uma amostra de sêmen, pode ser usada para identificar um suspeito ou excluir uma pessoa suspeita. Recentemente, um homem foi preso em Camden, New Jersey, pela morte em 1985 de uma jovem na Flórida. O homem fumava uma marca incomum de cigarros, encontrada na cena do crime. O detetive que trabalhou no caso por vários anos suspeitava do homem mas não podia prendê-lo apenas com base nos cigarros. As pontas de cigarro foram guardadas, e foram isoladas delas as células. Em 1985, os testes com DNA ainda estavam começando. Entretanto, em 1993, estas células foram estudadas por técnicas mais sofisticadas de *fingerprinting* de DNA, e foi estabelecida uma ligação entre a amostra e o suspeito, que foi então julgado e considerado cul-

pado. Em outros casos, as análises de *fingerprinting* de DNA inocentaram pessoas condenadas por crimes com base em evidências menos definitivas." (SNUSTAD; SIMMONS, 2001, p. 6)

4. Foi Lombroso quem, indiscutivelmente, "abriu as perspectivas para os estudos, hoje, de genética criminal". (SANTOS, José, 1987, pp. 10, 73)

GEOGRAFIA

1. Área, lugar, local do crime.

2. "Sempre que construímos um perfil psicológico ou oferecemos colaboração analítica ou estratégica às agências de segurança pública sobre crimes seriais não solucionados, uma parte importante do material solicitado refere-se a mapas com a indicação das cenas dos crimes e uma descrição de cada área. Neste caso, sobretudo, a geografia é um aspecto de particular importância, pois define de modo cuidadoso o tipo de vítima selecionado, além do tipo de criminoso que aí se sentiria à vontade." (DOUGLAS; OLSHAKER, 2002, p. 21)

V. Cartografia.

GOLIAS

(Gír.) Faca feita com ferro arrancado das grades da prisão.

GRAFOLOGIA

Estudo da personalidade através da escrita.

GRAFOMETRIA

1. Medição da letra, da grafia.

2. "Processo por meio do qual se revelam os caracteres quantitativos proporcionais de um escrito, que não foi modificado por falsificador, por imitação ou dissimulação." (PEIXOTO, P., 1993, p. 138)

3. "Outros fenômenos reveladores, como a letra, são também medidos pela *grafometria*, de que Langenbruch fez a aplicação aos casos criminosos [...]". (SALDAÑA, 2003, p. 103)

GRAFOPATOLOGIA

Estudo das modificações da letra que podem revelar desordens físicas ou mentais. A grafopatologia não pode ser confundida com graforréia que é um distúrbio que leva a pessoa a escrever exageradamente e sem nenhum nexo.

GRAFOSCOPIA

Exame que tem por objeto o reconhecimento de uma grafia, por comparação dos talhes da letra.

GRAMATICA, FELIPO

O movimento denominado Defesa Social, que propunha a abolição do Direito Penal, foi iniciado por Gramatica no final da Segunda Grande Guerra.

V. Defesa Social e Nova Defesa Social.

GUERRY, ANDRÉ-MICHEL
1802-1866

Um dos principais representantes da Escola Cartográfica, o francês André Michel Guerry foi quem elaborou os primeiros mapas da criminalidade na Europa dando grande importância ao fator térmico. Guerry escreveu: *Essais sur la Statistique Morale de la France*.

H

HACKERS
Os hackers usam seus conhecimentos em informática para ingressar em sistemas e programas a que não poderiam ter acesso. V. Crackers.

HAMMURABI, CÓDIGO
O Código do rei Hammurabi (1728-1678 a. C.) é considerado por Grispinio o mais antigo monumento de legislação criminal. Esse código adotou o talião.

HAXIXE
Resina extraída da Cannabis sativa – Linneu onde se encontra o seu princípio ativo, o Tetrahidrocanabinol (1-delta-9-tetra-canabinol). Maconha é o nome vulgar do haxixe.

HEREDITARIEDADE
V. Genética Criminal.

HEROÍNA
1. Droga semi-sintética, derivada da morfina e codeína. Desenvolvida com o objetivo de substituir a morfina, possui ação analgésica e narcótica causando, no entanto, dependência física e psíquica.

2. "... derivada da morfina e codeína por processos químicos, sintetizados, e entregue à prática médica em 1898 como droga maravilhosa, analgésica, narcótica, mas dotada de baixo ou nenhum poder viciante, isenta de capacidade de produzir dependência. Era a sucedânea da morfina. Hoje a heroína é considerada uma droga das mais perigosas pela sua toxidade e capacidade de produzir toxicômanos, quase sempre de difícil recuperação. A Itália, que foi o centro de produção da heroína, teve proibida sua fabricação em 1956, mas, nem por isso deixou a mesma de aparecer no mercado, pois era fabricada na Turquia e nos países asiáticos". (VIEIRA, 2004, p. 68)

HIPERTROFIA PENAL
1. Reinhart Franck foi quem usou, pela primeira vez, a expressão 'hipertrofia penal' para referir-se à grande quantidade de leis penais e ao uso excessivo da pena privativa de liberdade. Carrara falava em 'nomomania ou nomorréia' penal.
2. "Enfrentamos a falsa crença de que somente se reduz a criminalidade com a definição de novos tipos penais, o agravamento das penas já cominadas, a supressão de garantias ao acusado durante o processo e a acentuação da severidade das sanções, posição mundialmente generalizada. [...] A aplicação irrestrita da pena de prisão e seu agravamento, como vem acontecendo no Brasil, não reduzem a criminalidade. Prova disso é que não conseguimos diminuí-la após o advento da Lei dos Crimes Hediondos e da Lei nº 8.930/94, que inclui algumas formas de homicídio no rol da primeira." (JESUS, Rev. Lit. de Direito, maio/junho de 1996, pp. 37-39).

HOMICÍDIO EM SÉRIE
Homicídio de várias pessoas cuidadosamente selecionadas quanto ao tipo e características. Douglas e Olshaker (2002, p. 19) afirmam que "Jack, o Estripador, originou o mito, o arquétipo pérfido do assassino em série".

HOMICÍDIO LEGAL
Diz-se que a pena de morte é um homicídio legal.
V. Pena de Morte.

HOOLIGANISMO

"Desvio de conduta, entre pessoas de faixa etária jovem, com propensão para ações mórbidas que geralmente conduzem à prática dos mais variados delitos. Criminalidade juvenil por desvio de conduta. [...] Geralmente o Hooliganista é dado à toxilia. [...] O hooliganismo pode se constituir como estado permanente ou transeunte, conforme possa ser abordado cientificamente e não em termos especificamente repressivos. Isoladamente o hooliganista pode não oferecer periculosidade, em grupos, se sente encorajado pelo número de cúmplices do bando, pratica os maiores desatinos. Perde, nesse caso, a individualidade, a alma pessoal e se integra no espírito grupal aderindo à vontade deste." (SANTOS, José, 1987b, p. 92)

HOUSES OF CORRECTIONS

Os estabelecimentos denominados *Houses of Corrections* e *Workhouses* que surgiram na Inglaterra, com a revolução industrial, representam o marco inicial da pena de prisão. Essas casas de correção destinavam-se a reeducar e a reabilitar pequenos delinqüentes através do trabalho.

V. Pena de Prisão.

HOWARD, JOHN
1726-1790

1. John Howard foi o criador do Sistema Penitenciário. Lutou tenazmente pela reforma das prisões européias. Depois de visitar os cárceres ingleses escreveu o famoso livro *The State of Prisons in England*, publicado em 1777, onde denuncia o mau estado das prisões inglesas e o sofrimento dos presos. Um projeto de reforma do sistema penal inglês, de sua autoria, levado ao Congresso, foi "o ponto de partida para o movimento humanizador das prisões e das condições de vida dos encarcerados". (PIMENTEL, RT 733, p.766)

2. "Sua obra *Situación de las prisiones en Inglaterra y Gales* (1777) constituiu um genuíno informe sobre a geografia da dor, segundo Bernaldo de Quiróz. Howard reuniu um valioso ma-

terial empírico sobre a realidade penitenciária para o legislador britânico, obtido mediante a visita nos presídios europeus e o estudo das condições de vida dos reclusos." (GOMES; MOLINA, 2000, p. 162)

HUGO, VICTOR
1802-1885
Escritor francês. Victor Hugo foi um crítico do sistema social e penal da sua época. Escreveu sobre os direitos e as garantias fundamentais do homem.

I

IDENTIFICAÇÃO CRETES-CÓPICA

1. Também conhecida por identificação pelas cristas papilares.
2. Trata-se de uma identificação "muito interessante se se a põe em relação com a hereditariedade, como *datiloscopia jurídica*, a fim de aplicá-la à pesquisa da paternidade (ensaiada na Itália por Amadeo Della Volta, em 1913) e sobretudo à diferenciação científica das raças humanas". (SALDAÑA, 2003, p. 115)

IDENTIFICAÇÃO CRIMINAL

1. Identificar é individualizar perfeitamente uma pessoa de modo a estabelecer sua identidade. A identificação criminal é o ato de submeter o indiciado aos métodos datiloscópico e fotográfico. Existem duas espécies de identificação: a civil, que se dá geralmente quando a pessoa faz sua cédula de identidade e a criminal, prevista no art. 6º, VIII, do Código de Processo Penal. A Súmula 568 do STF, segundo a qual a recusa

em submeter-se à identificação criminal caracteriza crime de desobediência, foi superada com o art. 5º, LVIII, da Constituição Federal de 1988 que estabelece que o civilmente identificado não será submetido à identificação criminal, salvo nas hipóteses previstas em lei.

2. O art. 3º, da Lei nº 10.054, de 7 de dezembro de 2000, e o art. 5º da Lei nº 9.034, de 3 de maio de 1995, constituem hipóteses legais em que o civilmente identificado deverá submeter-se à identificação criminal pelo método datiloscópico, constituindo exceções ao preceito constitucional. "... a Lei do Crime Organizado cuida especialmente de medidas destinadas às organizações criminosas, dispensando a elas distinto e severo tratamento penal, incluindo a obrigatoriedade da identificação criminal, ainda que o acusado tenha sido civilmente identificado. A Lei n.10.054/2000 não dispôs acerca da obrigatoriedade da identificação criminal nessa hipótese justamente porque já havia uma lei específica disciplinando a matéria. Dessa forma, a omissão legislativa não pode ser interpretada como revogação tácita do art. 5º da Lei 9.034/95". (CAPEZ, 2006, p. 255)

INDIVIDUALIZAÇÃO DA PENA
V. Pena, Individualização.

INGENIEROS, JOSÉ
1. O primeiro Instituto de Criminologia foi fundado em Buenos Aires, em 1906, por José Ingenieros.

2. "Afirmava Ingenieros que o Direito Penal ascendeu a uma nova vida, mais intensa e fecunda e o criminólogo conscientizou-se de que para cada delinqüente convém fazer um estudo particular *não rotulando* segundo a adequação típica da conduta reprovável. Dentro do período de formação da Criminologia, e ainda hoje, sem atingir a sínteses definitivas, esboçou Ingenieros um programa da nova ciência (Etiologia Criminal, Clínica Criminológica e Terapêutica Criminal) estudando didaticamente os fatores determinantes, as formas dos delitos e o caráter dos infratores

(determinação do grau de inadaptabilidade social e temibilidade individual), como também as medidas preventivas e a organização de instituições de defesa social. Entendia que a Criminologia devia ser simplesmente definida como chamou Garofalo – '*a ciência do delito*' , dizendo que o delito não se realizava sem que existisse uma perturbação psicológica no agente, capaz de modificar sua conduta (podendo ser permanente ou transitória). Advogava a aplicação de critérios científicos ao estudo do delito a fim de substituir o Direito Penal clássico por '*outro fundado nos dados da Criminologia*'." (COSTA, 2005, p. 127)

J

JOGO DO BICHO

1. Ou Zoodroga.

2. O jogo do bicho é contravenção penal (art. 58 do Decreto-lei 3.688, de 3 de outubro de 1941) e, como contravenção penal, não pode ser concebido como crime organizado (tecnicamente). Fernando Capez (2006, p. 234), no entanto, afirma: "[...] com a definição constante da Convenção de Palermo, a tendência é que a lei passe a alcançar as organizações criminosas que pratiquem a contravenção penal de jogo do bicho".

3. "A cocaína sai de São Paulo pelo porto de Santos e vai por toda a Europa. O jogo do bicho está na frente da operação de lavagem desses narcodólares. Os banqueiros do bicho mantinham contato com os narcotraficantes responsáveis pela carga de 7,3 toneladas de cocaína apreendida, em 5 de maio de 1995, no Estado de Tocantins. Sabemos também que a empresa criada por essa quadrilha, a In-Out Exportação, mantinha contato estreito com o comerciante paranaense

Nasrat Jamil, um dos responsáveis pelas 7,3 toneladas de cocaína. O ponto de contato entre os empresários da noite e os narcotraficantes funciona nas cercanias da rua do Ouvidor, no Centro de São Paulo. Já o contato com as organizações internacionais é feito pelos traficantes foragidos Antonio Mota da Graça e Sâmia Haddock Lobo". (ARBEX JUNIOR; TOGNOLLI, 2004, p. 69).

JUIZ SEM ROSTO

1.Como são chamados os juízes prolatores da sentença criminais que não podem ter seus nomes revelados, por medida de segurança contra a vingança dos criminosos.

2."O Poder Judiciário sofreu o impacto do assassinato. Os juízes das varas de execuções criminais de São Paulo, responsáveis por sentenças sobre a vida processual dos detentos, foram orientados a não ter os seus nomes divulgados. A prática seria uma espécie de 'juiz sem rosto', tão adotada em países como a Itália, a Colômbia ou o Peru, a fim de proteger os juízes de possíveis ações de mafiosos, narcotraficantes e / ou terroristas." (JOZINO, 2005, p. 244)

K

KGB
(Gír.) Preso que presta favores aos policiais, aos funcionários das prisões e aos outros presos. (JOZINO, 2005, p. 273)

KHAT
Q'at, Quat, Cat. Planta da família das Celestráceas (*Catha eduis forsk*) nativa da Arábia meridional, África da Etiópia e África do Sul. As partes mais macias das folhas frescas são mastigadas e, com as folhas secas, é preparada uma infusão que liberta Catinina, alcalóide de propriedades estupefacientes. "O KHAT é amplamente usado pelos árabes traficantes de escravos, cuja droga facilita o seu ignóbil comércio, infelizmente ativo e existente no continente africano." (VIEIRA, 2004, p. 79)

KILLER, SERIAL
V. Homicídio em série.

KRICHA
Palavra que designa, na Rússia, 'teto' ou 'proteção' oferecida pelos chantagistas profissionais.
V. Racket e Racketeer.

KYOKUTO-KAI

Principal facção da Yakuza juntamente com a Yamaguchi-gumi. V. Yakusa.

L

LABELING APPROACH

1. Teoria do etiquetamento ou da rotulação, também denominada Teoria Interacionista, que surgiu no final da década de sessenta. Trata-se de nova perspectiva criminológica. É chamada, nos EUA, *Social Reactions Approach*, *Iteractionist orientation*, *Interactionist Perspective* e, na Alemanha, *Reaktionsansatz*. 2. "...No fim dos anos sessenta, com o surgimento da teoria do 'Labeling Approach', o objeto de estudo da Criminologia sofreu uma nova orientação: a sociedade é que cria o 'estigma' do criminoso, que coloca o 'rótulo' de delinqüente e marginal no indivíduo, não tanto pela sua conduta antinormativa, mas como uma particular reação social que se dá em relação alguns comportamentos considerados criminosos. É a própria sociedade que determina de forma preconcebida os prejuízos, estereótipos e estigmas das condutas marginais". (RIOS, RT. 699 p. 432)

LACASSAGNE, ALEXANDRE
1843-1924

1. Médico francês e professor de Medicina Legal em Lyon,

França. Um dos representantes da Escola de Lyon, também chamada Escola Antropossocial ou Criminal-sociológica. Lacassagne opôs-se à teoria de Lombroso não admitindo a existência de estigmas atávicos. Afirmava que os estigmas são produto do meio, das doenças, como tuberculose e sífilis, da miséria e da bebida. Enfatizando a importância do fator social na gênese da criminalidade, afirmou: "As sociedades têm os criminosos que merecem; o meio social é o caldo de cultura da criminalidade; o micróbio é o criminoso que só tem importância quando encontra o caldo que o faz fermentar". Para Lacassagne, a criminalidade é proporcional à desorganização social. Quanto maior for a desorganização social, maior será a criminalidade e, por outro lado, quanto menor a desorganização social menor é a criminalidade.

2. Na obra *Marche De La Criminalité en France de 1825 a 1880* Lacassagne expõe sua doutrina sociológica e sustenta a correlação entre mudanças nas estruturas econômicas e crimes patrimoniais. Em *La Criminalité Compareé* examina a etiologia da criminalidade social e urbana. Escreveu também *Les Vois á l' Etalage et dans les grands magasins*. A revista *Archives de L'Antropologie criminelle et des sciences penales*, principal órgão difusor da Escola de Lyon, foi criada por Lacassagne e por Gabriel Tarde, em 1886.

LAVAGEM DE DINHEIRO

1. Lavagem de ativos provenientes de crime; branqueamento de capitais; reciclagem de dinheiro ou de ativos ilícitos. É o processo que tem por finalidade tornar legítimos ativos oriundos da prática de atos criminosos. A Lei n° 9.613, de 3 de março de 1998, dispõe sobre os crimes de lavagem de dinheiro ou ocultação de bens, direitos e valores; sobre a prevenção da utilização do sistema financeiro para os ilícitos previstos nesta Lei e cria o Conselho de Controle de Atividades Financeiras (COAF). A Lei n°10.701, de 9 de julho de 2003, altera e acrescenta dispositivos à Lei nº 9.613/98.

2. "A 'lavagem' de dinheiro pode ser simplificadamente compreendida, sob uma perspectiva teleológica e metajurídica, como o conjunto complexo de operações, integrado pelas etapas de conversão (*placement*), dissimulação (*layering*) e integração (*integration*) de bens, direitos e valores, que tem por finalidade tornar legítimos ativos oriundos da prática de atos ilícitos penais, mascarando esta origem para que os responsáveis possam escapar da ação repressiva da Justiça." (MAIA, 1999, p. 53)

3. "A lavagem de dinheiro, tão pródiga hoje, ganhou esse nome nos Estados Unidos, nas décadas de 1920 e 1930 – quando os gângsteres sentiram necessidade de esconder a procedência de seus lucros com atividades ilegais. Seus primeiros investimentos foram feitos em lavanderias, daí a expressão 'lavagem de dinheiro'." (ARBEX JÚNIOR, TOGNOLLI, 2004, p. XV).

4. "A opção por iniciar pelo termo 'lavagem' parece correta, posto que incorporado à língua portuguesa, escrita e falada no Brasil. Palavra de origem francesa, utilizada no garimpo do ouro,

veio a ser empregada como sinônimo de 'desmonte'. No momento, o sentido corrente prende-se à ação ou efeito de lavar, portanto de limpar." (PITOMBO, 2003, p. 33)

6. Os Estados Unidos foram o primeiro país a criminalizar a prática de 'lavagem de dinheiro'. (*Money Laundering Act Control. United States Code, title 18 – Crimes and Criminal Procedure*).

LAVATER, JOHANN KASPAR

1. Teólogo suíço, foi considerado o renovador da fisiognomia. Relacionando o comportamento humano à aparência física falava no 'homem de maldade natural'. Afirmava: "a fisionomia do mais perigoso dos mortais pode bem vos parecer indecifrável" porque "a fisionomia pode conservar a beleza apesar dos vícios". Lavater escreveu *Fisionomia*.

2. "Para Lavater a própria natureza é pura fisionomia. Tudo quanto sucede na alma do homem se manifesta em seu rosto: sua beleza ou feiúra correspondem com a bondade ou maldade daquela." (GOMES; MOLINA, 2000, p. 163)

LCN
La Cosa Nostra.
V. Cosa Nostra Americana.

LEI DA SATURAÇÃO CRIMINAL
Ferri formulou a célebre 'Lei da Saturação Criminal' para demonstrar que o delito é resultado da contribuição de fatores individuais ou antropológicos, físicos ou telúricos e sociais. A 'Lei da Saturação Criminal' é assim anunciada: "Assim como em um dado volume de água, a uma temperatura especial, se dissolve determinada quantidade de uma substância química, nem um átomo mais, nem menos, de igual maneira em um meio social determinado, com condições individuais e físicas certas, se comete um número de delitos, nem um mais, nem menos".

LEI DAS DOZE TÁBUAS
1. A Lei das Doze Tábuas foi elaborada em meados do século V. É a mais antiga lei escrita romana.
2. "Mas foi a Lei das *XII Taboas* que consolidou, n'uma construcção inabalavel, a expansão das garantias juridicas aos plebeus, fundindo os direitos das duas classes de cidadãos romanos. Foi essa codificação, um evento de tão grande valor para a população romana, que os rapazes decoravam-na nas escholas como um *carmen necessarium*, que mesmo depois da publicação do *edictum perpectuum* ainda continuou a ser o codigo fundamental de Roma, e que os escriptores sempre se referiam a ella em termos de reverencia e calido enthusismo. *Admiror nec rerum solum, sed verborum elegantiam*, exclama Cicero: *fons omnis publici privatique juris*, sentencia Livius." (BEVILÁQUA, 2001, p. 193)

LEI DE LYNCH
Processo sumário de julgamento e execução originário dos Estados Unidos. Linchamento.

LEI DE TALIÃO
V. Pena de Talião.

LEI DUODECINI TABULAREEM
Primeira codificação romana. Foi publicada entre os anos 303 e 304 a.C.

LEI E ORDEM

Os Movimentos de Lei e Ordem justificam a pena como castigo e retribuição. Os adeptos desses movimentos acreditam que a criminalidade só poderá ser contida através de leis rigorosas que imponham longas penas privativas de liberdade e, inclusive, a pena de morte. Propõem a ampliação da prisão provisória e que a pena, nos chamados crimes atrozes, seja cumprida em estabelecimentos penais de segurança máxima, vedando a progressão nos regimes. Esses movimentos ditam uma Política Criminal em que o juiz, na fase de individualização e execução da pena, tem seus poderes diminuídos e o controle judicial da execução fica, quase que exclusivamente, a cargo das autoridades penitenciárias.

LEI SÁLICA

Lei redigida pelos francos sálios durante o reinado de Clóvis. Essa lei já previa a pena de multa e de indenização. "Tendo os francos saído do seu país, fizeram com que os sábios de sua nação redigissem as leis sálicas. Como a tribo dos francos ripuários se uniu, sob Clóvis, à dos francos sálios, ela conservou seus usos. [...] Afirmo que o direito romano perdeu seu uso entre os francos por causa das grandes vantagens que havia em ser franco, bárbaro ou homem que vivesse sob a lei sálica: todos foram levados a deixar o direito romano para viverem sob a lei sálica. Foi mantido apenas pelos eclesiásticos, porque eles não tiveram interesse em mudar. [...] A lei sálica admitia o uso da prova pela água fervente e, como essa prova era muito cruel, a lei adotava certa moderação para abrandar seu rigor. [...] O acusador, em troca de certa quantia que a lei fixava, podia contentar-se com o juramento de algumas testemunhas que declarassem que o acusado não havia cometido o crime, e este era um caso particular da lei sálica, no qual ela admitia a prova negativa." (MONTESQUIEU, *O Espírito das Leis*, pp. 551-553)

LETTRE-DE-CACHET

1. Carta fechada, lacrada, usada na França como instrumento da arbitrariedade real para coagir, amedrontar, punir. A *lettre-de-cachet* continha uma ordem

do rei dirigida a uma pessoa determinando, por exemplo, sua prisão ou exílio, privando-a de uma função, obrigando-a se casar, etc. Mas, geralmente, era instrumento de punição.

2."Ela era um dos grandes instrumentos de poder da monarquia absoluta. As *lettres-de-cachet* foram bastante estudadas na França e se tornou comum classificá-las como algo temível, instrumento de arbitrariedade real abatendo-se sobre alguém como um raio, podendo prendê-lo para sempre." (COSTA, 2005, p. 41)

V. Avisos Régios.

LEUCOTOMIA
V. Lobotomia Frontal.

LINGUET, N. H.
1.Linguet foi chamado "o amigo da Espanha". Escreveu *Memórias da Bastilha*.

2."As suas revelações, feitas numa série de cartas publicadas em Londres (1782-1783), comoveram o público, descrevendo o *regime da Bastilha*, que se estendia a todas as *prisões-fortaleza*, como a de Vincennes, mesmo às portas de Paris, de Pierre de Cise, em Lyon; das ilhas de Santa Margarida na Provença; do Monte São Miguel, na Normandia, na de Saumur em Anjou, na de Ham em Picardia etc. etc. [...] Linguet pergunta se 'são necessários a todas as administrações esses depósitos subtraídos à inspeção legal'. É preciso mostrar como coisa única no universo inteiro esse grande sorvedouro sempre pronto para receber os homens, não com o fim de puni-los, mas sim de atormentá-los." (SALDAÑA, 2003, pp. 89-90)

LISZT, FRANZ VON
1851-1919
Professor de Direito Penal e de Processo Penal nas Universidades de Giesen, Marburg, Halle e Berlim, foi responsável pelo movimento de reforma do Direito Penal alemão. Com Liszt surgiu, na Alemanha, o interesse pela Criminologia. Liszt foi a primeira pessoa a elaborar uma doutrina sobre política criminal e, por isso, considerado o seu criador. A expressão Política Criminal, no entanto, é anterior a ele. Klinsroad, já em 1793, falava em Política de Direito Criminal. Liszt afirmava que circunstâncias sociais e econômi-

cas exercem influência sobre os indivíduos antes mesmo do seu nascimento e que essas circunstâncias determinam a marcha da criminalidade. Idealizou uma ciência total ou comum do Direito Penal que deveria ser formada pela Antropologia Criminal, Psicologia Criminal e Estatística Criminal. A mais importante de suas obras, *Princípios de Política Criminal*, foi publicada em 1889. Liszt escreveu ainda: *Tratado de Direito Penal Alemão* que foi publicado em 1908.

V. Escola de Política Criminal e Programa de Marburgo.

LOBOTOMIA PRÉ-FRONTAL

Ou leucotomia. Trata-se de pequena incisão na parede craniana, mais especificamente na substância branca do cérebro, sugerida pelo médico português Egas Moniz, com o objetivo de eliminar as tendências de periculosidade do indivíduo. "[...] é a aniquilação da vida mental, reduzindo o indivíduo a uma existência sob o exclusivo império de puros automatismos". (FERNANDES, N.; FERNANDES, V., 2002, p. 42)

LOMBROSO, CESARE
1835-1909

1. Médico psiquiatra e antropólogo, Lombroso foi o fundador da Antropologia Criminal. É conhecido como o pai da Criminologia. A sua obra *L' Uomo Delinquente*, cuja primeira edição é de 1876, é tida como o ponto de partida da Criminologia Empírica. Nessa obra, Lombroso considera o delito um fenômeno necessário, como o nascimento, a morte, a concepção, determinado por causas biológicas de natureza, sobretudo, hereditária. Distingue seis grupos de delinqüentes: nato (atávico), louco moral, epilético, louco, ocasional e passional. Lombroso revolucionou a Criminologia ao afirmar que o criminoso é doente. Dizia que o criminoso, propriamente dito, é nato, é idêntico ao louco moral, apresenta base epilética e constitui, por um conjunto de anomalias, um tipo especial.

2. "...por influência de Ferri, Lombroso foi diminuindo progressivamente a importância do tipo de 'delinqüente nato'. No princípio sustentava que este tipo representaria de 65% a

70% do total da criminalidade. O percentual foi reduzido a 40% na última edição de *L´uomo delinquente*. Em sua obra de fase madura (*El crimen, sus causas y remedios*) sustentou o autor que só 1/3 dos delinqüentes pertenciam à categoria de 'delinqüentes natos'." (GOMES; MOLINA, 2000, p. 178, nota 10)

3. Lombroso criou, juntamente com Ferri, o *Archivio de Psichiatria e Antropologia Criminale*. Suas principais obras foram: *Tratado Experimental do Homem Delinqüente* e *A Mulher Delinqüente* que escreveu com a colaboração de Guglielmo Ferrero.

LOUCURA

"O reconhecimento da loucura no direito canônico, bem como no direito romano, estava ligado a seu diagnóstico pela medicina. A consciência médica estava implicada em todo julgamento sobre a alienação. Em sua *Questões Médico-legais*, redigidas entre 1624 e 1650, Zacchias levantava o balanço exato de toda a jurisprudência cristã referente à loucura. Em relação a todas as causas de *dementia et rationis laesione et morbis omnibus qui rationem laedunt*, Zacchias é formal: apenas o médico é competente para julgar se um indivíduo está louco, e que grau de capacidade lhe permite sua doença. [...] O direito, portanto, apurará cada vez mais sua análise da loucura; e num sentido, é justo dizer que é sobre o fundo de uma experiência jurídica da alienação que se constituiu a ciência médica das doenças mentais. Já nas formulações da jurisprudência do século XVII vêem-se emergir algumas das estruturas apuradas da psicopatologia. Zacchias, por exemplo, na velha categoria das *fatuitas*, da imbecilidade, distingue níveis que parecem pressagiar a classificação de Esquirol e, logo, toda a psicologia das debilidades mentais." (FOUCAULT, 2002, pp. 125, 130)

V. Crime e Loucura e Loucura Moral.

LOUCURA MORAL

1.A loucura moral foi definida pelo médico inglês Thomas Abercromby, no final do século XVIII, como desvio, transtorno nos princípios morais que, no entanto, não afeta a inteligência. Consiste em uma perversão mórbida dos sentimentos naturais, do afeto. A expressão 'moral insanity' foi criada pelo psiquiatra inglês J.C. Prichard. Lombroso, com base na teoria da 'moral insanity', desenvolvida por Prichard e Despine, acreditou haver relação entre a epilepsia e a loucura moral. Na sua obra *O Homem de Gênio* tentou estabelecer relação entre genialidade, loucura e epilepsia.

2."A loucura moral é a manifestação mórbida em que seu portador padece de senso moral, tendo a inteligência íntegra aparentemente e apresenta alta periculosidade." (SANTOS, José, 1987 b, p.122)

3."Em sua teoria da criminalidade Lombroso inter-relaciona o atavismo, a loucura moral e a epilepsia: o criminoso nato é um ser inferior, atávico, que não evolucionou, igual a uma criança ou a um louco moral, que ainda necessita de uma abertura ao mundo dos valores; é um indivíduo que, ademais, sofre alguma forma de epilepsia, com suas correspondentes lesões cerebrais." (GOMES; MOLINA, 2000, p. 180)

4."Psicopatas amorais. Antigamente denominados Loucos Morais; perversos por natureza; totalmente destituídos de senso moral; embotamento afetivo; egoístas, pérfidos, arrogantes; insensíveis ao sofrimento alheio; incapazes de sentir amor, simpatia, ternura, compaixão; tendência irreprimível ao emprego da crueldade na prática criminosa; jamais experimentam remorso ou arrependimento por seus atos desumanos; desajustados sociais; rebeldes à disciplina; avessos ao trabalho honesto; mentem roubam, matam e torturam friamente; prostituem e prostituem-se." (ZACHARIAS, M.; ZACHARIAS E., 1991, p. 393)

LSD

1. Sigla da denominação, na língua alemã, da dietilamida do ácido lisérgico (*lysergsaurediathlamid*). Droga que deriva do ácido lisérgico extraído do esporão do centeio ou, então, do amido do ácido lisérgico

(substância química existente nas sementes da ipoméia). É apresentada em pó, na forma líquida, em comprimidos ou em tabletes de papel ou mata-borrão impregnado do fármaco.
2. "A absorção do LSD induz à excitação do sistema nervoso central, manifestando-se por por modificação do estado de ânimo, ansiedade, aumento da temperatura orgânica, deformação da percepção sensorial, despersonalização, idéias delirantes, efeitos psicossensoriais e efeitos psíquicos." (FERNANDES, N.; FERNANDES, V., 2002, p. 702)
3. Albert Hoffmann, químico e diretor adjunto do Laboratório Sandóz, é chamado pai do LSD. "Procurando a causa de uma velha enfermidade, conhecida desde a Idade Média com o nome vulgar de 'doença de Santo Antão', onde as mãos e os pés privados de sangue pela falta de circulação dão a aparência de carbonizados, causada por uma vaso-constrição provocada pela ergotonina, Albert Hoffmann, no estudo dessa substância, descobriu o ácido lisérgico, sem

perceber nele indícios de propriedades alucinógenas." (VIEIRA, 2004, p. 49)

LUCAS, PROSPER
1805-1885.
1. Lucas, admitindo a existência de uma tendência criminosa, transmissível por herança, formulou o conceito de atavismo. Lucas escreveu: *Traité philosophique et physiologique de l' hérédité naturelle.*
2. "Prosper Lucas, com o apoio de Vidocq, sustentava que o vício, a embriaguez e o delito, sobretudo de furto, se transmitem de pais a filhos com persistência desesperadora (1850)." (COSTA, 2005, p. 135)

LUPARA
De *Lupus*, lobo.
A Lupara Bianca, fuzil usado para caçar lobos, é uma das armas usadas pela máfia italiana.

LUTERO, MARTINHO
1483-1546
Lutero, teólogo alemão, foi quem primeiro estabeleceu as diferenças entre a criminalidade urbana e rural.

M

MACONHA

1. Maconha é nome vulgar do haxixe. Também: 'diamba', 'riamba', 'liamba', 'pango', 'fumo d'Angola', 'marijuana', 'harihuana', 'beng', 'kif', etc.
2. "No Primeiro Mundo, o lucro anual obtido com a venda ilegal da erva cábica alcançou US$ 24 bilhões. [...] O Marrocos permanece o maior produtor mundial, capaz de colocar no mercado consumidor 120 toneladas de maconha. Com isso, o PIB desse país e o bolso dos camponeses do Vale do Rif tornaram-se dependentes da oferta de marijuana e do derivado do haxixe." (MAIEROVITCH, Consulex nº 226, p. 66)
V. Haxixe.

MACROCRIMINALIDADE

A macrocriminalidade é estudada pelo Direito Penal Econômico.

MÁFIA

1. Grafia antiga: Maffia.
2. A expressão 'máfia' vem sendo usada, atualmente, como sinônimo de organização criminosa. A origem da palavra é

controvertida. Jean Ziegler (2003, p. 56) afirma que a palavra é derivada do árabe e que apareceu, pela primeira vez, por volta do século XVI, na parte meridional da Sicília significando 'destemor', 'coragem', autoconfiança', arrogância'.

3. "A Máfia é o produto perverso de uma reação defensiva a séculos de exploração de camponeses sicilianos, resultando de inúmeros fatores, dentre os quais a: a) não implementação da reforma agrária; b) manutenção dos latifúndios improdutivos e da opressão feudal; c) inexistência de uma classe média e a rigidez do sistema de ascensão social; d) absoluta ausência da presença do estado; e) elevada instabilidade política e sucessivas invasões estrangeiras." (MAIA, 1997, p. 6)

4. "De referir que a Interpol tem notícias que as cidades de São Paulo e do Rio de Janeiro abrigam dezenas de membros das máfias italianas, chinesa e japonesa. Acredita-se que elementos da Máfia siciliana, da Camorra ou 'máfia napolitana', da Sacra Corona Unita de Puglia e da La N'Drangheta da Calábria ainda utilizam o Brasil para montar seus 'negócios', inclusive associando-se a brasileiros e lançando mão de mulheres para o transporte internacional de cocaína. Como 'fachadas' eles usariam restaurantes, empresas exportadoras, etc. Ainda estariam investindo em imóveis e terras." (FERNANDES, N.; FERNANDES, V., 2002, p. 517)

MÁFIA AMERICANA

1. A Máfia Americana ou Amerikankaja, apesar do nome, opera na Rússia.

2. "É ativa no tráfico de valor e na busca de informações comerciais, sobretudo no setor da conversão militar. Fazem parte dela muitos antigos cidadãos da URSS, que se transferiram para a América ou para outras partes do mundo. É uma organização riquíssima, que desfruta importante cobertura em todos os ambientes." (PELLEGRINI, A.; COSTA, Jr., 1999, p. 74)

MÁFIA CHINESA

V. Tríades chinesas.

MÁFIA ITALIANA

1. Grupos: *Cosa Nostra* (Sicília); *Camorra* (Campânia, Nápoles);

Sacra Corona Unita (Puglia, Litoral Adriático); *N'Dranghetta* (Calábria).

2. As principais atividades das Máfias italiana e americana são o narcotráfico, contrabando de armas, exploração da prostituição, extorsão mediante seqüestro, jogatina ilegal, assaltos a bancos, contrabando de material pornográfico, cobrança de 'taxa' de proteção, homicídio por contrato, etc. Seus membros vivem protegidos pelo anonimato. Sempre que necessário, recorrem ao suborno, à intimidação ou morte para obstaculizar investigações ou fazer calar delações. A máfia italiana não é uma organização homogênea e sim um complexo de redes, famílias biológicas e associações conjunturais que, ao mesmo tempo em que competem e lutam entre si, aliam-se e colaboram umas com as outras. Trata-se de grande potência financeira. "Seu volume anual de negócios chega a algo em torno de 50 bilhões de dólares. Seu patrimônio imobiliário supera 100 bilhões de dólares." (ZIEGLER, 2003, p. 59)

MÁFIA JAPONESA
V.Yakusa, Boryokudan e Yamaguchi-gumi.

MÁFIA RUSSA
1. A Máfia Russa controla as atividades do crime organizado em quase toda Europa oriental, em alguns países da Europa ocidental e das Américas. É, também, responsável pelo tráfico de drogas e armas dentro da própria Rússia.

2. "A situação na Rússia chegou a um grau tão extremo que os especialistas internacionais em mercado de capitais e crédito chegaram a afirmar, em 1994, que a totalidade do sistema financeiro russo era 'refém' das máfias. Outros especialistas afirmam, com alguma ironia, que na Rússia, depois de tudo, houve apenas a passagem do controle da economia das mãos do Estado para as mãos das máfias. Esse quadro é muito grave, quando se leva em consideração que as numerosas áreas de tensões e de conflitos étnicos constituem um poderoso mercado para o comércio de armas (é o caso, por exemplo, da Tchetchênia) e que muitos cientistas, técnicos e engenhei-

ros russos desempregados ou mal pagos poderiam vender aos mafiosos segredos militares – incluindo informações vitais sobre a fabricação de armas nucleares." (ARBEX JUNIOR; TOGNOLLI, 2004, p. 34)

V. Mafiya.

MAFIYA

1. Ou Organizatsja. Organização criminosa russa. A Mafiya está envolvida com o tráfico de componentes nucleares, armas de fogo, cocaína colombiana, etc.

2. "Nas repúblicas surgidas das ruínas da extinta União Soviética, por exemplo, os bandos criminosos intitulam-se *mafiya*, e seus soldados, *mafiosniki*. Assim também são eles designados nos documentos oficiais (e, por extensão, pelas autoridades policiais que combatem esses bandos na Europa ocidental)." (ZIEGLER, 2003, p. 60)

MALACO

1. (Gír.) Bandido poderoso.

2. "Para definir um criminoso que se considera diferenciado, exatamente porque soube *evoluir* no crime, seus pares usam outras expressões. São capazes

de conversar de um modo tal que um leigo no assunto não compreenderá uma única palavra. Grande criminoso, motivo de repúdio na sociedade, motivo de orgulho entre seus pares e nas prisões, é o que os policiais adoram chamar *malaco*. Esse é o bandidão." (SOUZA, Percival, 2002, p. 87)

MANICÔMIO CRIMINAL

1. O decreto n° 1.132, de 1903, dispõe sobre a construção de manicômios criminais ou de seções especiais nos hospitais psiquiátricos comuns para abrigar os criminosos doentes mentais.

2. O primeiro Manicômio Criminal do Brasil foi construído em 1921, no Rio de Janeiro.

MANO NERA

Organização criminosa formada nos Estados Unidos por italianos e ítalo-americanos. Foi extinta por volta de 1930 e dedicava-se, principalmente, à extorsão.

MARBURGO, PROGRAMA

1. Liszt ofereceu importante contribuição para a Política Criminal com o seu Programa de

MARCAS

Marburgo onde defende o reconhecimento das várias ciências auxiliares do Direito Penal e a sua incorporação na ciência total ou totalizadora do Direito Penal.

2. "Numa aula inaugural de Marburgo *Der Zweckgedanke im strafrecht* (1882), denominada mais tarde '*Programa de Marburgo*', desenvolveu idéias fundamentais, postulou uma ciência total do Direito Penal, na qual deveriam ser incluídas a Antropologia Criminal, a Psicologia Criminal e a Estatística Criminal, idéia que revolucionou os penalistas." (COSTA, 2005, p. 159)

MARCAS

1. Sinais identificadores; Meio de identificação do criminoso; Sinal de desonra. Houve época em que os criminosos eram marcados com ferro em brasa em determinadas partes do corpo para serem identificados.

2. "Os delinqüentes perigosos eram marcados por processos verdadeiramente bárbaros: com ferro em brasa em determinadas regiões, com tatuagens, por exemplo. Convenhamos que não se ajeitam mais à nossa civilização tais meios infamantes, embora prevaleça a maldade humana como a última grande guerra o mostra e, também, a pena de morte. Icard lembrou, em substituição a esses, uma injeção de parafina em região adequada, que provocaria pequeno tumor facilmente perceptível. Se uma intervenção cirúrgica retirasse o nódulo, subsistiria sempre a cicatriz reveladora. Ademais, conforme a natureza do crime, a região seria diversa". (FÁVERO, 1962, p. 139)

3. "No antigo regime, o meio universal de identificação, primeiro para os escravos, a fim de evitar a fuga, depois para os criminosos (como sinal mais seguro de encontrá-los no caso de evasão e de reconhecê-los no caso de reincidência), era a 'marca'. Aplicava-se com um ferro em brasa sobre uma espádua do criminoso e algumas vezes mesmo na testa, quando se tratava de criaturas mais perigosas. O protesto contra o uso da *marca*, primeiro isolado, acaba sendo universal, e ele que fornece um dos assuntos mais simpáticos à literatura da Revolução." (SALDAÑA, 2003, p. 88)

4. "Uma decisão do parlamento datada de 1606 decide que os mendigos de Paris serão chicoteados em praça pública, marcados nos ombros, a cabeça raspada e expulsos da cidade. Para impedi-los de voltar, um ordenamento de 1607 estabelece nas portas da muralha da cidade companhias de arqueiros que devem impedir a entrada a todos os indigentes." (FOUCAULT, 2002, p. 64)

5. Os romanos, durante o processo acusatório, marcavam a testa de quem fazia falsas acusações com a letra 'K' (do latim bárbaro, *kalumnia*). (SANTOS, José, 1992, p.145)

6. "...Um dia, tive fome. Dei uma cotovelada na vitrina de um padeiro; peguei um pão e o padeiro agarrou-me; não comi o pão e fui condenado a trabalhos forçados por toda a vida, com três letras de fogo nas espáduas. Se quer ver, mostro-lhe. (HUGO, 2005, p. 71)

7. "A 30.08.1791, uma mulher é condenada por um crime sexual 'a ser conduzida, pelo executor da alta justiça, a todos os lugares e cruzamentos, especialmente à praça do Palais –Royal, montada num asno, o rosto virado para a cauda do animal, um chapéu de palha sobre a cabeça com um cartaz na frente e nas costas com as seguintes palavras: Mulher corruptora da juventude, batida e fustigada, nua, por vergastadas, marcada com um ferro quente na forma de flor-de-lis." (FOUCAULT, 2002, p. 445)

8. Na Inglaterra, a marca a ferro quente deixou de existir em 1834. Na França, esse meio de identificação ignóbil foi abolido em 1832. No Brasil, a Constituição de 1824 revogou, entre outras, a pena de marca a ferro quente. (Art. 179, inciso XIX)

MASMORRA

1. Prisão, cárcere.

2. "Um dos lugares mais sombrios da Detenção era a masmorra do Pavilhão 5. As celas ficavam no fundo de um corredor escuro, do lado direito da entrada do Pavilhão. Não tinham 'boi' – banheiro – , não possuíam 'pedra' –cama – e nem ventilação. Suas paredes eram úmidas. Os detentos não tomavam banho e eram obrigados a dormir no chão em meio a dejetos, baratas e ratos. A masmorra era destinada aos que cometeram falta grave, aos jurados de morte e àqueles

que por algum motivo não gozavam da simpatia de diretores e funcionários. Ou seja, muitos presidiários eram mandados para a masmorra sem motivo algum. Normalmente, o castigo durava trinta dias. Nas celas úmidas, escuras e sem banheiro da masmorra do Pavilhão 5, a maioria dos presos tinha anemia e pele amarela por causa da falta de banho de sol. O esgoto nos xadrezes por vezes alcançava os tornozelos dos detentos. As refeições não eram entregues todos os dias e muitas vezes chegavam azedas. O detento chorava, agonizava, chamava pela mãe. Nem todos suportavam." (JOZINO, 2005, p. 109)

MAUDSLEY, HENRY
1835-1918
1. Henry Maudsley que sucedeu o psiquiatra inglês Pritchard, sustentou, entre os ingleses, a tese da 'moral insanity'. Em 1873, publicou *Crime and insanity* onde afirma que o delinqüente é "uma variedade degenerada do gênero humano" e que "o crime é uma espécie de emunctório, pelo qual se escoam as tendências doentias do criminoso". O crime é um "equivalente da loucura: eles tornar-se-iam loucos se não fossem criminosos e é porque são criminosos que não se tornam loucos".
2. Maudsley "estudou, com raro vigor lógico, a difícil ligação entre o direito e as doenças mentais. Ele procurou fazer o diagnóstico do delinqüente como um louco moral, notando a existência de uma vasta zona média entre a enfermidade mental e a delinqüência". (COSTA, 2005, p. 136)

MEDICINA LEGAL
A Alemanha é considerada o berço da Medicina Legal. O ensino teórico e prático dessa ciência iniciou-se nesse país. Ambrósio Paré é chamado, por Lacassagne, 'pai da Medicina Legal'. A obra de Paré, a primeira sobre o assunto, marca o início da Medicina Legal científica. Sousa Lima, contudo, considera Paulo Zacchias o fundador da Medicina Legal. O livro de Zacchias, *Questões Médico-Legais*, surgiu em 1601 e é considerado, por Sousa Lima, a melhor e mais completa obra daquela época. O primeiro trabalho sobre Medicina Legal, apresentado no Brasil, data de 1814

e é de autoria do médico mineiro e senador do Império Gonçalves Gomide. Trata-se da impugnação ao exame feito em uma jovem que foi julgada santa. O trabalho intitula-se *Impugnação Analítica ao Exame Feito pelos Clínicos Antonio Pedro de Sousa e Manuel Quintão da Silva*.

MEDIDAS DE SEGURANÇA
As medidas de segurança foram introduzidas no nosso Código Penal de 1940 por influência do Código Penal Suíço de 1894.

MENESES, TOBIAS BARRETO DE
1839-1889.
1. Tobias Barreto de Meneses é considerado o primeiro crítico brasileiro de Lombroso. Seu nome está ligado ao nascimento da Criminologia no Brasil.
2. "...era um jurista e a elle devemos a introducção, no Brazil, das idéas que iam transformando, no velho mundo, a theoria do direito para imprimir-lhe um cunho moderno, experimental, scientifico." (BEVILÁQUA, 2001, p. 17)
3. "Os estudos e as conquistas da Escola Positiva se manifestam em nosso País com bastante intensi-

dade. Tobias Barreto, considerado por Viveiro de Castro como 'o homem mais eminente que o Brasil tem produzido nesta segunda metade do século', foi um dos mais prestigiados escritores que receberam as contribuições dos positivistas, objetivando a reformulação do ordenamento legal insuficiente para conter os avanços da criminalidade." (DOTTI, 2003, p. 296)
4. Tobias Barreto escreveu *Fundamentos do Direito de Punir* e *Menores e Loucos*. Em *Menores e Loucos* faz referência à obra de Lombroso, *L'Uomo Delinquente*.

MERLA
De efeitos mais intensos que a própria cocaína, a 'merla' é uma droga preparada com as folhas secas da coca embebidas em gasolina ou querosene.

MERTON, ROBERT K.
O sociólogo Robert K. Merton, influenciado por Durkheim, ampliou e desenvolveu a teoria da anomia, na década de trinta, aplicando-a à sociedade capitalista norte-americana. Ele a transformou em teoria da criminalidade para explicar o comportamento desviante. Para

Merton, anomia é todo desvio de conduta, individual e social, que tem origem social e não intrapsíquica. "A anomia é concebida especialmente quando houver uma aguda disjunção entre, de um lado, as normas, e, de outro, as capacidades socialmente estruturadas dos membros do grupo em agirem de acordo com essas normas. "Distinguindo entre cultura e sociedade, Merton assinalou, de um lado, a existência de um sistema organizado de valores que governam a conduta dos indivíduos pertencentes ao mesmo grupo, e, de outro lado, o de normas e de meios institucionalizados que regulam o acesso aos fins definidos pela conduta." (COSTA, 1972, p. 208) V. Teoria Funcionalista da Anomia.

MONIZ, EGAS

Médico português que sugeria a lobotomia frontal ou leucotomia com o objetivo de eliminar no homem a tendência para o crime.
V. Lobotomia Frontal.

MONOMANIA

1. Idéia fixa. Esquirol foi quem elaborou o conceito de mono-

mania. Monomania é uma espécie de doença mental em que o seu portador volta sua atenção para um só assunto ou tipo de assunto.
2. "O argumento utilizado pelos alienistas, no sentido de demonstrarem a necessidade de construção de um local específico para os loucos, era enfatizar o caráter perigoso destes, além das dificuldades presentes na identificação e diagnóstico da doença mental [...]. Isto era justificado teoricamente a partir de noções como monomania e degeneração, entidades clínicas descritas pelos alienistas franceses (Esquirol e Morel), as quais expandiam a definição de loucura para além do delírio e estabeleciam uma forte relação entre doença mental e comportamento violento." (MIR, 2004, p. 462)

MONTESQUIEU
1689-1755

Charles Louis de Secondat, Barão de Montesquieu. *Na obra O Espírito das Leis* (1748) Montesquieu afirma: "um bom legislador deveria esforçar-se mais em prevenir o delito que em castigá-lo". Montesquieu afirmava que as penas deveriam ser

substituídas pela reeducação do delinqüente. Sobre a justa proporção das penas, diz: "É essencial que as penas se harmonizem, porque é essencial que se evite mais um grande crime do que um crime menor, aquilo que agride mais a sociedade do que aquilo que a fere menos. [...] É um grande mal, entre nós, fazerem sofrer a mesma pena aquele que rouba nas estradas e aquele que rouba e mata. É claro que, para a segurança pública, deveria ser colocada alguma diferença na pena". E, sobre a impunidade: "Não se devem conduzir os homens pelas vias extremas: devem-se proteger os meios que a natureza nos dá para conduzi-los. Examinemos a causa de todos os relaxamentos e veremos que eles vêm da impunidade dos crimes e não da moderação das penas". (*O Espírito das Leis*, pp.100-101)
Montesquieu escreveu, também, *Cartas Persas, Considerações sobre as Causas da Grandeza dos Romanos e de sua Decadência*.

MORAL INSANITY

V. Loucura Moral, Despine; Pritchard, Monomania e Maudsley.

MORBUS DIABOLICUS

A loucura foi diagnosticada, em uma determinada época, como *morbus diabolicus*. As pessoas, as quais supunham estar possuídas pelo demônio, eram queimadas vivas.
V. Demonologia.

MOREL, BENEDICT AUGUST
1809-1837

1. Cientista francês do século XIX. É considerado, juntamente com Charles Frédéric Heusinger, médico alemão, o pai da Antropologia Patológica. Morel escreveu *Tratado da Degeneração*.
2. "Estudando as variedades *mórbidas da espécie humana*, Morel determinou os caracteres patológicos, ou estigmas, do tipo que os apresenta. Este tipo é revelado pela forma da cabeça (assimetria, deformações das orelhas etc.), pela expressão da figura que determina o estrabismo etc., pelas detenções de desenvolvimento (no talhe, nos órgãos genitais ou reveladas pelas deformações anatômicas como o raquitismo), e finalmente pelas moléstias. Um desses tipos, segundo Morel, é o *louco moral*, isto é, o criminoso." (SALDAÑA, 2003, p. 159)

MORUS, THOMAS
1477-1535

Tomás Morus ou Moro, humanista inglês, criou o termo *utopia* do grego *ou,* que quer dizer não e *topos* que é o mesmo que lugar, significando, assim, não estar em lugar algum. Na sua obra A *Utopia* afirma que o ouro e a propriedade são as causas da injustiça. Foi Morus quem primeiro estabeleceu a graduação das penas proporcionais aos delitos. Para ele as penas rigorosas não eram necessárias e, o certo, seria buscar as causas do crime e indicar a cura. Era, também, contrário à pena de morte. Afirmou: "A morte é um castigo demasiado injusto e mesmo prejudicial para o bem-comum. É uma punição demasiado cruel para castigar o simples roubo e contudo insuficiente para o impedir. O roubo não merece a morte, e não há castigo suficientemente horrível para impedir que roube quem não tem outra maneira de prover à sua carência mais extrema: a fome. Neste ponto, não só vós, como quase toda gente, vos assemelhais aos maus professores, sempre mais prontos a bater nos alunos que ensiná-los. São aplicados aos ladrões, grandes e terríveis castigos, quando seria preferível assegurar de algum modo a sua subsistência, de maneira a que homem algum se encontre na necessidade extrema de roubar primeiro e morrer depois." (MORUS, 2002, p. 27)

MULAS

1. (Gír.) Como são chamados os traficantes de drogas ou de divisas. Esses traficantes, geralmente, transportam a 'mercadoria' oculta na bagagem ou no próprio corpo.

2. "...as gangues nigerianas, no Brasil muito atuantes como 'mulas', intermediárias no tráfico de cocaína entre os fornecedores dos cartéis colombianos e distribuidores na Europa e nos EUA que podem ser do próprio cartel, das próprias organizações nigerianas ou da Máfia, das *Posses* e outras." (MAIA, 1997, p. 29)

3. "Finalmente vamos para Washington D.C., no prédio da Drugs Enforcement Administration, onde nos recebe o agente especial Kevin Cronin, analista do Departamento de Inteligência da DEA. Ele nos relata que: 'Colocar pessoas de outra

nacionalidade para fazer tráfico é uma nova mania das máfias, porque isso sobretudo descaracteriza a origem do produto. Os nigerianos têm usado paquistaneses, até mesmo meninas sul-africanas e australianas, para mandar heroína e cocaína para a Europa e para os EUA. As 'mulas' fazem aquilo como um bom emprego, com garantias." (ARBEX JÚNIOR; TOGNOLLI, 2004, p. 43)

MULHER
V. Tráfico de Mulheres.

NCAVC
National Center for the analysis of Violent Crime: Centro Nacional de Análise de Crimes Violentos, órgão do FBI.

N'DRANGHETTA
A *N'Dranghetta* nasceu na Calábria, Itália. Essa organização criminosa possui, atualmente, oitenta clãs e mais ou menos cinco mil e seiscentos filiados. Atua, muitas vezes, em cooperação com a *Cosa Nostra* Siciliana. Está envolvida com tráfico de órgãos humanos, drogas, armas, lixo nuclear, mulheres, crianças, adoção ilegal, transformação ilegal do lixo tóxico, jogos de azar, extorsão, lavagem de dinheiro, etc.

NEGROS
1. Como são chamados, pelos mafiosos russos, os mafiosos de Cáucaso.
2. "Entre os cartéis das mais diversas procedências étnicas reina o mais virulento racismo. Exemplo: no outono de 1995, realizou-se no Hotel Marriot, um palácio situado no centro de Viena, uma reu-

nião de cúpula dos principais chefões russos em ação no país ou residentes no exterior. O encontro foi 'observado' (escuta, etc.) pelos agentes da EDOK (*Ermittlung und Dokumentation*) austríaca. Compareceram cerca de vinte chefões, com seus assessores e guarda-costas. Uma questão importante na ordem do dia: como 'purificar' as cidades russas, como eliminar nelas os 'negros'? Os mafiosos de origem étnica russa chamam de 'negros' os mafiosos originários de Cáucaso. Tomou-se a decisão de proceder à eliminação física de qualquer mafioso caucasiano presente em qualquer cidade cuja população fosse majoritariamente russa." (ZIEGLER, 2003, p. 80)

NINA RODRIGUES, RAIMUNDO

1862-1906

1. Lombroso considerava Nina Rodrigues o apóstolo da Antropologia Criminal na América do Sul.

2. Nina Rodrigues sustentava a tese da criminalidade étnica. "Apresentou a chamada *criminalidade* étnica no sentido da coexistência, na mesma sociedade, de raças em fases diversas de evolução, moral e jurídica, acentuando que a civilização branca era boa para os brancos e má para os negros. Entendia necessário, pelo menos, quatro códigos penais para o Brasil, a fim de atender às diversidades, sobretudo de climas e de raças." (LYRA; ARAÚJO JÚNIOR, 1992, p. 97)

3. "O eminente professor compreendeu cedo a necessidade de fazer em nosso próprio país a colheita dos elementos de laboratório e de clínica, para a solução dos problemas médico-legais e de criminologia brasileiros, desde que as condições do meio físico, psicológico e social evidentemente não eram em tudo iguais àquelas que se encontravam na Europa. À iniciada diferenciação da medicina legal pela diversidade do meio judiciário a que se devia aplicar, tinha de suceder a diferenciação pela diversidade das condições físicas, biológicas e psicológicas do meio em que os fatos se davam. Com essa orientação, traçou ele aquela magnífica norma para a

criminologia brasileira, mostrando que o primeiro estudo devia ser o da origem étnica das nossas populações, sem o que ninguém poderia fazer obra útil." (FÁVERO, 1962, p. 20) 4. Nina Rodrigues escreveu: *As Raças Humanas e a Responsabilidade Penal no Brasil, A Loucura Epidêmica de Canudos, Os Africanos no Brasil.*

NUOVA FAMIGLIA

Máfia italiana fundada pela Camorra com o objetivo de ampliar seus negócios para a América Latina, Eurásia póssoviética e Oriente.

OLHEIROS
1. Pessoas, geralmente crianças, que são pagas para observar a aproximação de estranhos ou da polícia dos pontos de tráfico de drogas.
2. "Um exército de 12 mil menores de 18 anos trabalha para o tráfico de drogas no Rio de Janeiro. A estratégia das quadrilhas de bandidos para atrair crianças para o tráfico é estimular o consumo de drogas, dentre elas o álcool." (ALVES, *Alcoolismo e violência*. Artigo, Consulex, n° 212, pp 39-41)

ONORATA SOCIETÀ
Sociedade secreta denominada, a princípio, *Fíbbia* e, depois, *Onorata Società*. Foi criada na Calábria, no início do século XVIII, por membros da aristocracia local. Auxiliada pela franco-maçonaria, indispunha-se com o governo de Roma por causa da miséria da região sul da Itália. Com o tempo, passou a dedicar-se ao crime e extinguiu-se no fim do século XIX.

ÓPIO
1. Extrato do *papaver somnferum*. A palavra ópio significa, em gre-

go, *suco*. Vários alcalóides são extraídos do ópio como a heroína, a codeína, a lebaína e os derivados da benzilisoquinolina. A morfina é mais potente que o ópio quando injetada e a heroína, que é derivada da morfina, dez vezes mais potente que esta. 2. "Incisões superficiais, praticadas nos frutos imaturos da papoula, fazem com que deles emane um suco leitoso, espesso, que logo coagula junto às bordas dos cortes. Recolhido e posto a secar durante cerca de dois meses, esse suco vem a constituir o ópio, substância entorpecente e analgésica, que encerra mais de 20 alcalóides, dos quais o mais importante e que lhe confere essas qualidades é a morfina." (ZACHARIAS, M.; ZACHARIAS, E., 1991, p. 349) 3. As Tríades chinesas produzem cerca de 3.000 toneladas por ano de ópio no denominado 'Triângulo Dourado' formado pela Birmânia, Laos e Tailândia. Os cartéis colombianos, por sua vez, além do comércio de cocaína dedicam-se, atualmente, ao cultivo da papoula e ao comércio do ópio e da heroína. 4. "Com dois terços de seu território dominados pelos talibãs,

que conquistaram Cabul pela segunda vez em 1997, o Afeganistão produziu naquele ano algo em torno de 2.300 toneladas de ópio, equivalendo a mais de 40% da produção mundial. O ópio afegão é colhido em aproximadamente 55.000 hectares situados em sua grande maioria na parte do país controlada pelos talibãs. [...] São diferentes cartéis da máfia russa que asseguram a comercialização fora do Afeganistão da pasta de morfina, da heroína e de outros produtos derivados fornecidos pelos talibãs. A coisa é altamente rendosa: em 1997, o grama de heroína mais ou menos pura é negociado nas ruas de Hamburgo, Milão, Paris ou Zurique a um preço que varia, segundo as remessas, entre 90 e 140 dólares." (ZIEGLER, 2003, p. 186)

ORGANIZATSJA
V. Mafiya

ORMETÀ
1. Pacto de silêncio entre os mafiosos.
2. "Através de um compromisso solene todos votavam nun-

ca revelar os segredos da Máfia mesmo sob dor ou morte. A disciplina que manteve a Máfia unida através dos séculos foi a *ormetà*, que significa 'honradez' ou, usualmente, 'silêncio'. Esse foi o código da Máfia, então, e o é agora." (MAIA, 1997, p. 7)

3. "O 'soldado' de um cartel ucraniano, o 'homem de honra' da Sacra Corona da Puglia, o *capo* da Camorra napolitana ou o chefão de uma família da Cosa Nostra novaiorquina geralmente se recusa a falar. Responder às perguntas do magistrado? Nunca! Se falasse, o criminoso poria em risco a própria vida e a de sua família. [...] Os argumentos de Arlacchi são reforçados pelo simples fato de que os *pentiti* geralmente pagam um preço elevado por seu 'arrependimento'. A máfia nunca perdoa a quebra da *ormetà*, o juramento que todo 'homem de honra' sela com sangue e pelo qual jura jamais revelar, em nenhum momento e em circunstância alguma, qualquer informação sobre a vida, os atos ou os dirigentes de sua organização." (ZIEGLER, 2003, pp. 291, 302)

4. "...na região de Dourados, próxima à fronteira, foi a vez de Waldemar Antonio Lopes. Apareceu morto com um cadeado preso nos lábios. Fácil de entender: falou demais, foi inconveniente, não aprendeu que nesse negócio fala-se o mínimo possível. [...] Os jovens presos, como acontece em toda parte, jamais contam os detalhes sobre tudo o que acontece nos bastidores, porque isso para os traficantes significa violar normas, o que pode ter como resultado a execução na primeira oportunidade que surgir. [...] A narcoditadura sabe que possui segredos que vão para o túmulo – quem conhece tais segredos será morto se os revelar". (SOUZA, Percival, 2002, pp. 194, 217, 253)

ORTOTANÁSIA
Eutanásia por omissão.

OSTRACISMO
1.Exílio, desterro.
2.Lei de Atenas que determinava o exílio, por dez anos, do indivíduo que pudesse exercer influência perniciosa sobre os demais. "O excrutínio era realizado na ágora, diante dos

arcontes e da *boulé:* sobre um total de 6.000 votos, escritos num bocado de barro (*ostrakon*), era escolhido aquele cujo nome estivesse mais vezes repetido. O condenado ao ostracismo tinha 10 dias para abandonar a cidade, à qual, uma vez decorrido o prazo de afastamento, podia regressar sem mais formalidades." (PEIXOTO, P., 1993, p. 210)
V. Contágio Moral.

P

PAGERS

1. Palavra da língua inglesa. Aparelho usado para fazer rápidos contatos.

2. "Em minhas reportagens sobre o assunto, deparei-me com lavadores de dinheiro que levavam as somas no porta-malas de seus carros, e se comunicavam, tanto nas fronteiras do Brasil com o Paraguai e Uruguai, como nas fronteiras dos Estados Unidos com o México, com simples *pagers*. Avisavam-se, pelos *pagers*, da presença ou não de policiais e agentes alfandegá-rios 'comprados'." (ARBEX JÚNIOR, TOGNOLLI, 2004, p XIV)

PALIMPSESTOS DAS PRISÕES

Desenhos feitos pelos condenados nas paredes das prisões.

PANOPTICON

1. O 'Panopticon', modelo de estabelecimento penal voltado para a reeducação do delinqüente, foi idealizado por Bentham.

2. "...o *Panopticon* era um edifício em forma de anel, no meio do

qual havia um pátio com uma torre no centro. O anel se dividia em pequenas celas que davam tanto para o interior quanto para o exterior. Em cada uma dessas pequenas celas havia, segundo o objetivo da instituição, uma criança aprendendo a escrever, um operário trabalhando, um prisioneiro se corrigindo, um louco atualizando sua loucura. Na torre central havia um vigilante. Como cada cela dava ao mesmo tempo para o interior e para o exterior, o olhar do vigilante podia atravessar toda a cela; não havia nela nenhum ponto de sombra e, por conseguinte, tudo o que fazia o indivíduo estava exposto ao olhar de um vigilante que observava através de venezianas, de postigos semicerrados de modo a poder ver tudo, sem que ninguém ao contrário pudesse vê-lo." (COSTA, 2005, p. 37)

PANOPTISMO

"O *Panopticon* é a utopia de uma sociedade e de um tipo de poder que é, no fundo, a sociedade que atualmente conhecemos: utopia que efetivamente se realizou. Esse tipo de poder perfeitamente pode receber o nome de *panoptismo*. Vivemos em uma sociedade onde reina o *panoptismo*." (COSTA, 2005, p. 37)

PAPOULA

Planta vulgarmente conhecida como 'dormideira' de cujos frutos se extrai o ópio.
V. Ópio.

PARAFILIA

Desvio sexual; perversão sexual. As perversões sexuais mais apontadas pelos autores são: a potemnofilia, coprofilia, efobofilia, necrofilia, pedofilia, exibicionismo, fetichismo, froteurisma, auto-estrangulação erótica, gerontofilia, masoquismo, urofilia ou undismo, narratofilia, estupro, sadismo, sonofilia, escopofilia, escatologia telefônica, troilismo, clismafilia, misofilia, zoofilia e mixoscopia ou voyeurismo.

PARAÍSOS FISCAIS

1. Como são denominados os países que não fiscalizam a origem dos depósitos efetuados em instituições financeiras situadas em seus territórios. Consoante Tigre Maia (2004, p. 43), existem cerca de seten-

ta países considerados paraísos fiscais de que são exemplo: Liechtenstein, Luxemburgo, Mônaco, Suíça, Irlanda, Líbano, Panamá, Uruguai, Ilhas Caimã, Ilhas Virgens Britânicas, etc.

2. "Apesar da reforma do Código Penal de 1990, a praça financeira suíça continua a ser ainda hoje uma das máquinas mais eficazes do mundo de lavagem dos bilhões da droga e dos lucros do crime organizado internacional. Também convém não esquecer a evasão fiscal dos países europeus. Segundo estatísticas do Banco Mundial, a Suíça é hoje o segundo país mais rico do mundo em termos de renda *per capita* – logo depois dos Emirados Árabes Unidos. Ora, a Suíça não possui nenhuma matéria-prima. A sua matéria-prima é o dinheiro dos outros." (ZIEGLER, 1999, p. 307)

PATÍBULO
Cadafalso, forca, guilhotina.

PCC
1. Primeiro Comando da Capital. O PCC é considerada a maior organização criminosa do Estado de São Paulo. Surgiu em 1993, no presídio de segurança máxima, anexo à Casa de Custódia e Tratamento de Taubaté-SP. Essa organização criminosa ficou conhecida pelos atos de extremada violência.

2. "A estrutura organizacional do PCC, tida como a mais bem-sucedida facção criminosa do País, tem estatuto contendo 16 artigos, com forte teor político e ideológico. Escrito por Mizael Aparecido da Silva, assassinado em 2002, prega ações de resgate e a prestação de assistência social e jurídica aos presos mais necessitados. Para manter a facção, o PCC cobra mensalmente R$ 500,00 dos criminosos que estão em liberdade, R$ 50,00 dos que cumprem pena no regime semi-aberto e R$ 25,00 dos encarcerados em regime fechado. Esses valores são depositados em contas bancárias de pessoas ligadas aos líderes e servem para financiar o tráfico de drogas, o resgate de presos e os atentados." (ZAKAREWICZ, Consulex, p. 4)

3. "É triste constatar que, infelizmente, desde a sua fundação, em 1993, o PCC transfor-

mou-se em poder paralelo e já conseguiu a desativação de unidades prisionais – como o Centro de Readaptação Penitenciário (CRP), o anexo de segurança máxima da Casa de Custódia de Taubaté (uma das razões, senão a principal, da criação da entidade criminosa) – a eliminação de grupos rivais que disputavam o controle dos Presídios e a libertação de internos por meio de ações ousadas de resgate e de seqüestros (inclusive de familiares de diretor da Penitenciária de Araraquara). De um modo geral, tais facções criminosas têm levado vantagem no embate com as autoridades carcerárias, porque demonstram dispor de melhor organização hierárquica, rigor de conduta (em que qualquer desobediência, nos termos de norma estatutária, implica condenação à morte e execução imediata) e, acima de tudo, eficientíssimo sistema de comunicação, via celulares, visto que, pagando, em curtíssimo espaço de tempo o aparelho chega, já que a corrupção aliase a tudo o mais." (TALLI, 2001, p. 283)

PEDOFILIA

Pedofilia é a perversão sexual em que a pessoa adulta experimenta sentimentos eróticos em relação a crianças. (FELICIANO, 2001, p. 84)

V. Lei nº 8.069, de 13 de julho de 1990, modificada pela Lei nº 10.764, de 12 de novembro de 2003.

PEIXOTO, JÚLIO AFRÂNIO
1876-1947

Afrânio Peixoto escreveu: *Epilepsia e Crime*, *Psicopatologia Forense*, *Novos Rumos da Medicina Legal e Criminologia*. Traduziu as seguintes obras de Quintiliano Saldaña: *A Criminologia Nova* e *A Penologia Nova*.

PÉLA-PORCO

(Gír.) Solitária.

PELOURINHO

1. Coluna de pedra ou madeira fincada em lugar público com o fim de expor e castigar criminosos. (Aurélio)

2. O pelourinho foi abolido na França em 1789 e na Inglaterra, em 1837.

PENA

1. Pena é sinônimo de castigo, dor, sofrimento.

2. À palavra pena é atribuída origem diversa. É possível que derive do latim *poena*, ou do grego *phonos* que quer dizer castigo, dor, suplício, trabalho, fadiga. Há autores que afirmam que a palavra provém de *punya* ou *puniá*, do sânscrito significando purificação. "A linguistica nos diz que a palavra portugueza – pena conta, entre seus antepassados, o vocábulo latino *poena* e o grego *poine*, que ao tempo de Homero e de Heródoto, significava simplesmente a compensação por uma offensa. Mas *poine*, que por sua vez, deriva de *Koeena*, de *Ki*, que se deve traduzir por – lançar uma coima." (BEVILÁQUA, 2001, p. 108)

3. São funções da pena: a retribuição (castigo), a intimidação (prevenção) e a emenda (regeneração). Três correntes doutrinárias buscam explicar e justificar a pena: a absoluta, a relativa e a mista. Para a teoria absoluta a pena é retribuição, é a justa contraprestação, ou seja, é o mal justo contra o mal injusto. Os penólogos relativistas sustentam, por sua vez, que a pena tem caráter utilitário e deve servir de advertência e intimidação. Sua finalidade é a prevenção individual e geral. A teoria mista sustenta que a pena é retribuição (contraprestação) e que tem, também, o objetivo de reeducar e recuperar o condenado.

4. "É preciso ter coragem e retirar da pena os seus traços de primitivo paralelismo com a vingança coletiva, limpando-a, também, do ranço sacral, que tanta voga teve na Idade Média, com a marca expiatória. Deveríamos não nos apegar à idéia da pena como castigo. O binômio *crime-castigo* não tem mais lugar na nossa civilização." (PIMENTEL, RT 733/766)

PENA CAPITAL
V. Pena de Morte.

PENA DE AÇOITE
1. Pena cruel disciplinada pelas Ordenações do Reino de Portugal. A Constituição de 25 de março de 1824, no art. 179, § 19, aboliu a pena de açoite. Dispunha: "Desde já ficam abolidos os açoites, a tortura, a marca de ferro quente e todas as penas cruéis". A pena de açoite, no entanto, foi mantida para os escravos. O art. 60 do Código Criminal do Império prescrevia: "Se o réo for escravo, e incorrer em

pena que não seja a capital, ou de galés, será comndenado na de açoutes, e depois de os sofrer, será entregue a seu senhor, que se obrigará a trazel-o com um ferro pelo tempo e maneira que o Juiz designar". Somente com a Lei de 15 de outubro de 1886 tal pena abolida. Essa lei proibiu, também, o confisco de bens e a declaração de infâmia aos parentes do réu em qualquer grau. Proclamou, ainda, que nenhuma pena passaria da pessoa do delinqüente (§ 20).

PENA DE BANIMENTO

1. A pena de banimento era autorizada pelo art. 50 do Código Criminal do Império. Assim: "A pena de banimento privará para sempre os réos dos direitos de cidadão brazileiro, e os inhibirá perpetuamente de habitar o territorio do Império. Os banidos, que voltarem ao território do Império, serão condemnados á prisão perpetua". O Código não estabelecia quais os crimes que eram punidos com as penas de banimento e degredo.

2. O Código Penal de 1890 previa, no § 20, do art. 72, a pena de banimento. Tal pena foi abolida pela Constituição de 1891.

PENA DE DEGREDO

A pena de degredo estava prevista no art. 51 do Código Criminal do Império. Assim: "A pena de degredo obrigará os réos a residir no lugar destinado pela sentença, sem poderem sahir delle, durante o tempo que a mesma lhes marcar".

PENA DE DESTERRO

O Código Criminal do Império, no art. 52, dispunha: "A pena de desterro, quando outra declaração não houver, obrigará os réos a sahir dos termos dos lugares do delicto, da sua principal residencia, e da principal residencia do offendido, e a não entrar em algum delles durante o tempo marcado na sentença".

PENA DE ENFORCAMENTO

1. O Código Criminal do Império previa, no art. 38, a pena de morte por enforcamento. Assim: "A pena de morte será dada na fórca". O Aviso de 17 de junho de 1835, dispunha: "A forca será levantada, quando seja necessário, para não estar continuamente ás vistas do público".

Art. 39: "Esta pena, depois que se tiver tornado irrevogável a sentença, será executada no dia seguinte ao da intimação, a qual nunca se fará na véspera de domingo, dia santo ou de festa nacional".

Art. 40: "O réo, com seu vestido ordinário, e preso, será conduzido pelas ruas mais publicas até a forca, acompanhado do Juiz Criminal do lugar onde estiver, com o seu Escrivão, e da força militar que se requisitar. Ao acompanhamento precederá o Porteiro, lendo em voz alta a sentença que se for executar".

Art. 41: "O Juiz Criminal, que acompanhar, presidirá a execução até que se ultime; e o seu Escrivão passará certidão de todo este acto, a qual se ajuntará ao processo respectivo".

Art. 42: "Os corpos dos enforcados serão entregues aos seus parentes ou amigos, se os pedirem aos Juizes que presidirem à execução; mas não poderão enterral-os com pompa, sob pena de prisão por um mez a um anno".

Art. 43: "Na mulher prenhe não se executará a pena de morte, nem mesmo ella será julgada, em caso de a merecer, senão quarenta dias depois do parto".

V. Pena de Morte no Brasil.

PENA DE GALÉS

1. Prisão flutuante. Os condenados remavam acorrentados sob ameaça de chicote. Durante a vigência do Código Criminal do Império, a pena de galés significava trabalhos forçados em obras públicas. Sujeitava o condenado a andar com calceta no pé e corrente de ferro. Os prisioneiros realizaram muitas obras na cidade do Rio de Janeiro. (CARVALHO FILHO, 2002, p. 38)

2. A pena de galés era prevista no art. 44 do Código Criminal do Império: "A pena de galés sujeitará os réos a andarem com a calceta no pé e corrente de ferro, juntos ou separados, e a empregarem-se nos trabalhos públicos da Província onde tiver sido commetido o delicto, á disposição do governo".

Art. 45: "A pena de galés nunca será imposta:

§ 1. A's mulheres, as quaes quando tiverem commetido crimes para que esteja estabelecida esta pena, serão condemnadas pelo mesmo tempo á prisão, em lugar, e com serviço análogo ao seu sexo".

§ 2. Aos menores de vinte e um annos e maiores de sessenta, aos quaes se substituirá esta pena pela de prisão com trabalho pelo mesmo tempo".

Art. 311: "A pena de galés temporaria será substituida pela de prisão com trabalho pelo mesmo tempo, logo que houverem casas de Correção nos lugares em que os réos estiverem cumprindo as sentenças.

"O aviso de 9 de agosto de 1850 no additamento declara, que estando a casa de correção funccionando como tal, se deve cumprir o disposto neste artigo, que manda substituir a pena de galés temporárias, pela de prisão com trabalho; o que se não endente, porém, a respeito dos escravos".

3. A Carta de 1891, no art. 72, §§ 20 e 21, aboliu as penas de galés e de morte.

4. "Às galés, o meu advogado queria eu que fosse condenado! Ah! Sim, mil vezes antes a morte! Antes o cadafalso que a coleira, antes a aniquilação que o inferno, antes entregar o pescoço à lâmina da guilhotina que à coleira das galés! As galés! Ó, meu Deus! (HUGO, 2005, p. 46)

PENA DE MORTE

1. Pena capital. É chamada 'pena por excelência'. A pena de morte tem função meramente retribuitiva.

2. Foi com Beccaria que se iniciou a discussão sobre a ilicitude da pena de morte que até então era considerada legítima e natural. "Ao longo de todo o curso da história da filosofia, a *communis opinio* dos filósofos foi favorável à pena capital, a começar por Platão e indo muito além do livro de Beccaria: basta pensar em Kant, Hegel e Schopenhauer. Se tivéssemos que nos basear no argumento *ex auctoritate*, os abolicionistas estariam derrotados." (BOBBIO, 1992, p. 180)

4. O primeiro Estado a abolir a pena de morte foi o de Toscana (Código Penal de 1786) seguido da Áustria (Código Penal de 1787).

PENA DE MORTE NO BRASIL

1. As Ordenações Filipinas, que vigoraram no Brasil até o advento do Código Criminal de 1830, previam as seguintes formas de pena de morte: a) 'morte natural': o condenado era enforcado no pelourinho, seu cadáver levado pela Confraria da Misericórdia e enterrado no seu cemitério; b) 'morte natural pelo

fogo': o condenado era queimado vivo. No entanto, em virtude de prática antiga, era garroteado antes. c) 'morte natural cruel': ficava ao arbítrio dos juízes. A crueldade dependia da ferocidade dos executores da pena e do capricho dos juízes. d) 'morte natural para sempre': o cadáver ficava pendente na forca até cair podre sobre o solo do patíbulo onde ficava até a tarde de 1º de novembro quando era enterrado pela Confraria da Misericórdia.

2. Código Criminal do Império previa a pena de morte na forca para os crimes de homicídio, latrocínio e insurreição de escravos (arts. 38 a 43).

3. Em 1835, em virtude do levante de negros muçulmanos, ocorrido na Bahia, criou-se uma lei que estendia a pena de morte aos escravos condenados por homicídio, tentativa de homicídio e lesão corporal grave contra o senhor ou contra o feitor.

4. A pena de morte deixou de ser aplicada no Brasil a partir de 1855. No entanto, só foi banida da legislação penal comum pelo Decreto n. 774, de 20 de setembro de 1890. O primeiro Código republicano, sancionado pelo Decreto n. 847, de 11 de outubro de 1890, já não previa a pena capital. E a Constituição, de 24 de fevereiro de 1891, reafirmou a exclusão dessa pena. Ressalvou, contudo, as disposições da legislação militar (art. 72, § 21) em tempo de guerra.

5. A pena capital foi, porém, restaurada com a Constituição de 1937, que instituiu o chamado 'Estado Novo'. A Lei Constitucional 1, de 16 de maio de 1938, cominou a pena capital para as hipóteses admitidas pela chamada "Constituição polaca". E o Decreto-lei n. 431, de 18 de maio de 1938, editado durante o 'estado de emergência', aumentou o número de crimes sujeitos à pena de morte, para envolver a insurreição armada contra os poderes do Estado, a prática de atos destinados a promover a guerra civil, o atentado contra a vida, a incolumidade ou liberdade do Presidente da República, e os atos de devastação, saque, incêndio, depredação ou outros destinados a gerar o terror com o fim de atentar contra a segurança do Estado e a estrutura das instituições.

A Constituição promulgada em 18 de setembro de 1946, repudiou a pena de morte salvo no tocante à legislação militar em tempo de guerra com país estrangeiro (art. 141).

A Carta de 24 de janeiro de 1967 também proibiu a pena de morte salvo nas hipóteses de crimes previstos na lei militar (art. 150, §11). Porém, o Ato Institucional nº 14, de 5 de setembro de 1969, deu nova redação à Constituição de 1967 e cominou as penas de morte, prisão perpétua, banimento e de confisco para os casos de guerra externa, psicológica adversa, ou revolucionária ou subversiva nos termos determinados em lei.

O Decreto-lei nº 898, de 29 de setembro de 1969, definiu os crimes contra a segurança nacional e a ordem política e social. A pena de morte foi prevista para os crimes políticos descritos nos arts. 8º e seguintes desse Decreto-lei.

A Emenda Constitucional nº 1, de 17 de outubro de 1969, manteve a redação do AI nº 14, de 5 de setembro de 1969. Somente em 13 de outubro de 1978, com a Emenda Constitucional nº 11, foi banida a pena de morte.

A Constituição de 5 de outubro de 1988 proibiu a pena de morte salvo nos casos mencionados na legislação militar para o tempo de guerra externa.

PENA DE PRISÃO

1. Pena privativa de liberdade. Na Antigüidade a pena de prisão servia apenas como custódia, uma espécie de sala de espera dos suplícios. A pena de prisão, em substituição às penas corporais, tornou-se mais difundida a partir do século V. Na Idade Média passou a ser mais freqüente por influência, também, da Igreja Católica.

2. "Os historiadores identificam a origem da prisão moderna nas celas eclesiásticas, instituídas pela Igreja Católica para a punição de religiosos infratores, e nas casas de correção criadas a partir da segunda metade do século XVI na Inglaterra (*houses of correction* e *bridewells*) e na Holanda (*rasphuis* para homens e *spinhuis* para mulheres)." (CARVALHO FILHO, 2002, p. 22)

3. As primeiras prisões foram instaladas em Amsterdã, Holanda, no final do século XVI, mais precisamente em 1595 e 1597 para homens e mulheres, respectivamente. No entanto, alguns estu-

diosos afirmam que a primeira prisão surgiu em Londres quando, em 1555, Eduardo VI determinou que se trancafiassem os indigentes e vadios no Palácio de Bridewell que, a partir de 1575, passou a denominar-se *House of Correction.*

PENA DE PRISÃO NO BRASIL

1. No Brasil, a pena de prisão foi instituída pelo Código Criminal do Império que previa, no art. 46, a prisão com trabalho; no art. 47, a prisão simples e, no art. 37, a prisão preventiva.

2. "A prisão, legal ou ilegal, é sempre violência contra a pessoa. Legal, aceita-se, ainda que com certa repugnância, como expressão da força do Estado em nome do exercício da defesa social, mas ainda assim difícil de compreender." (SANTOS, José, 1987b, p. 169)

3. Está provado que a pena de prisão não diminui a taxa de criminalidade. "Urge que a prisão seja imposta somente aos que praticaram crimes graves e aos delinqüentes de altíssima periculosidade. Nos outros casos, deve ser substituída por medidas e penas alternativas e restritivas de direitos, como multa, prestação de serviço à comunidade, limitação de fim de semana, interdições de direitos, *sursis* etc. A aplicação irrestrita da pena de prisão e seu agravamento, como vem acontecendo no Brasil, não reduzem a criminalidade. Prova disso é que não conseguimos diminuí-la após o advento da Lei dos Crimes Hediondos e da Lei n° 8.930/94, que incluiu algumas formas de homicídio no rol da primeira. [...] Além disso, a imposição da pena privativa de liberdade sem um sistema penitenciário adequado gera a superpopulação carcerária, de gravíssimas conseqüências, como temos visto nas sucessivas rebeliões de presos, fenômeno que vem ocorrendo em todos os países." (JESUS, Revista Literária de Direito, Ano II, n° 11, maio-junho de 1996, pp. 37-39)

4. "A grande maioria dos apenados cumpre pena na Casa de Detenção, Cadeias, Distritos Policiais e Presídios superlotados sem qualquer assistência de um regime penitenciário decente e adequado; sem qualquer individualização de tratamento:

PENA DE PRISÃO NO BRASIL

PENA INFAMANTE

higiene, saúde, instalações apropriadas – basta dizer que há apenas um vaso sanitário para atender dezenas e dezenas de presos em celas que deixam a desejar em tudo – higiene e saúde, após um dia sem trabalho, educação e pecúlio. Tudo em completa desobediência ao que determinam a Constituição Federal e a Lei das Execuções Penais. [...] A Casa de Detenção, sempre com mais de sete mil internos – o dobro de sua capacidade – é um depósito de presos e não um presídio. Nada tem a oferecer no plano de recuperação da pessoa humana na sua dimensão de individualidade familiar e social. O que ocorre, então, é que o detento capta, para sua frustração incontrolável, tão-só, o lado punitivo da pena, reagindo com recurso a violência. E quando essa violência se solda em cadeia, não há exagero em dizer que a Casa de Detenção é um verdadeiro barril de pólvora; ou um campo de concentração dos mais variados tipos de tensões e centro de adestramento de facínoras. (TALLI, 2001, pp. 156, 157).

5.“Hoje, os maiores problemas do sistema prisional brasileiro são: o crime organizado, a corrupção, a superlotação, a ociosidade e a baixa inteligência na administração dos estabelecimentos prisionais.” (OLIVEIRA, Consulex, Ano I, n° 3, 30 de junho de 2002, pp. 60-63)

6. A Lei nº 9.714/98, que deu nova redação aos arts. 43 a 47 do Código Penal, introduziu, na legislação brasileira, o sistema de substituição da pena privativa de liberdade por penas restritivas de direitos.

PENA, INDIVIDUALIZAÇÃO

A expressão ‘individualização da pena’ surgiu em 1879 dando título ao livro de Émile Walberg (1879). Contudo, a doutrina pela qual ‘a pena deve relacionar-se com o criminoso e não com o crime’ (Georges Vidal) é de Emile Kraepelin e foi desenvolvida por Raymond Saleilles. V. art. 59 do Código Penal.

PENA INFAMANTE

1. A que atinge o condenado na sua honra, na sua dignidade.
2.“A distinção entre penas infamantes e não-infamantes é das mais antigas. As legislações antigas cominavam com penas infamantes os crimes contra a

cidade ou contra os deuses, com os efeitos enérgicos mais possíveis. Tirava do condenado a qualidade de cidadão, como a morte civil, embora não perdesse a condição de homem. Mais tarde, em Roma, se distinguiam duas espécies de infâmia: a) *infâmia de fato*, um simples atentado reprimido pela censura do juiz, tendo alguma influência sobre a capacidade civil e política do condenado; b) *infâmia de direito*, que trazia a incapacidade de exercer algum ofício público ou de testemunhar na justiça (v.g. os especuladores da prostituição, os violadores), resulta de um texto de lei, expresso no Digesto, sob o título '*De his guin otantur infâmia*." (COSTA, 2005, p. 8)

PENA POR EXCELÊNCIA
V. Pena de Morte.

PENALÍSTICA
Teoria das penas criminais.

PENALOGIA
Parte do Direito Penal que trata da aplicação e dos efeitos das penas.
V. Política Criminal.

PENITENCIÁRIA
1. Estabelecimento onde se cumpre a pena privativa de liberdade.
2. "Os estabelecimentos onde se operava a 'penitência', isto é, onde se cumpria a pena, suportando a fadiga, o sofrimento, para alcançar a emenda eram os estabelecimentos *penitenciários*." (MIOTTO, Revista Brasileira de Criminologia e Direito Penal, Ano II, n° 8, jan-março 1965, p. 107).
V. Penitenciarismo.

PENITENCIÁRIO, DIREITO
1. O Direito Penitenciário "que consiste no 'conjunto de normas legislativas reguladoras das relações entre o Estado e o condenado, desde o momento em que a sentença condenatória adquire força executiva, até que, no mais amplo sentido, se esgote a execução' – conforme foi proclamado no III Congresso Internacional de Direito Penal, levado a cabo em Palermo (Itália), em 1933, ocasião em que a Associação Internacional de Direito Penal oficialmente reconheceu este novo ramo do Direito". (MIOTTO, Revista Brasileira de Criminologia e Di-

reito Penal, Ano II, n° 8, jan-março 1965, pp.103 e 111).

2. "Conjunto de normas jurídicas que cuidam do tratamento dos sentenciados, atentando para a organização da execução da pena e medidas outras de proteção social e tutela dos direitos da pessoa que delinqüiu." (FERNANDES, N.; FERNANDES, V., 2002, p. 658)

PENITENCIARISMO
Também Ciência Penitenciária, Direito Penitenciário, Política Penitenciária. Foi a partir da criação do sistema penitenciário conhecido como pensilvânico ou filadélfico, que preconizava o isolamento individual contínuo, que se desenvolveu o penitenciarismo.

PENOLOGIA
1. A expressão 'penologia' foi empregada pela primeira vez em 1834 pelo alemão Francis Lieber. Penologia é a disciplina que estuda a teoria, a cominação e a aplicação das penas.

2. "Penologia é o estudo da reação social contra a infração abrangendo a pesquisa dos efeitos da pena aplicada aos infratores. Alguns autores definem a Penologia como a ciência de execução das penas em geral, inclusive daquelas desprovidas de caráter de tratamento." (FERNANDES, N.; FERNANDES, V., 2002, p. 658)

3. "O objeto da Penologia é a pena sob os pontos de vista: teórico, abrangendo sua história, sua psicologia, sua sociologia, sua filosofia (na doutrina e na legislação – Parte Geral do Código Penal), legislativo (isto é, quanto à sua cominação) e judiciário (isto é, quanto à sua aplicação); incidentalmente, poderá ser abrangido o delinqüente a quem foi aplicada a pena, isto é, o sujeito passivo da pena." (MIOTTO, Penologia e Penitenciarismo, artigo, Revista Brasileira de Criminologia e Direito Penal, Ano II, n° 8, jan-março 1965, p. 102)

PERIGOSIDADE
Expressão criada por Feurbach para designar a qualidade da pessoa que pode reincidir no crime. "O indivíduo 'perigoso' ou o 'temível' é o que, pela sua conduta anterior e atual, faz presumir que voltará a reincidir no crime." (SANTOS, José, 1987, p. 112)

PERSONALIDADE ASSAS-SINA LASCIVA

"Em nosso artigo de 1980, Roy Hazelwood e eu propusemos que a formação de uma personalidade assassina lasciva acontece cedo na vida, e pesquisas subseqüentes não nos deram razão para alterar nossa opinião. Haverá um padrão de comportamento levado à violência, que em geral começa com atividades de voyeurismo ou furto de roupas de mulher, que servem como um substituto para sua inaptidão em lidar com as mulheres de um modo maduro e confiante. O tipo organizado poderá ser agressivo durante os anos de sua adolescência, como se quisesse voltar à sociedade por erros percebidos ou insignificantes. Este tipo terá dificuldade em lidar com a autoridade e estará ansioso para exercer controle sobre os outros todas as vezes que puder." (DOUGLAS; OLSHAKER, 2002, p. 43)

PICCIOTTI

Como são chamados os 'soldados' da Cosa Nostra Americana.
V. Bottom Men e Soldados da Máfia.

PINEL, PHILIPPE H.
1745-1826.

1. Pinel é chamado pai da Psiquiatria Moderna. Criou centros psiquiátricos para o tratamento dos doentes mentais que, considerados seres possuídos pelos demônios, eram surrados, acorrentados e enjaulados. Seus diagnósticos possibilitaram separar os delinqüentes dos doentes mentais. Pinel escreveu *Traité de la manie*.

2. "O momento em que a jurisprudência da alienação se torna a condição preliminar de todo internamento é também o momento em que, com Pinel, está nascendo uma psiquiatria que pela primeira vez pretende tratar o louco como ser humano. O que Pinel e seus contemporâneos sentirão como uma descoberta ao mesmo tempo da filantropia e da ciência é, no fundo, apenas a reconciliação da consciência dividida do século XVIII. [...] Na época de Pinel, quando a relação fundamental da ética com a razão será convertida num relacionamento segundo da razão com a moral, e quando a loucura não será mais um avatar involuntário sucedido, do exterior, à razão, se des-

cobrirá com horror a situação dos loucos nas celas dos hospícios. Vem a indignação pelo fato de os 'inocentes' terem sido tratados como 'culpados'. O que não significa que a loucura recebeu finalmente seu estatuto humano ou que a evolução da patologia mental sai pela primeira vez de sua pré-história bárbara, mas sim que o homem modificou seu relacionamento originário com a loucura e não a percebe mais a não ser enquanto refletida na superfície dele mesmo, no acidente humano da doença." (FOUCAULT, 2002, pp. 132, 144)

PLATÃO
428-347

1. Platão afirmava que o crime é uma doença cujas causas estão nas paixões, na procura do prazer e na ignorância (*As Leis*, Livro IX). Dizia que os crimes ocorrem em virtude da falta de educação dos cidadãos e da má organização do Estado (*República* III). Reconhecia que a pena deve servir para melhorar o indivíduo. Admitia, no entanto, a pena de morte, para o criminoso irrecuperável como sendo o menor dos males. *As Leis*, obra que Platão trata das leis e da justiça, é considerada, por Bobbio, a primeira e maior do gênero da civilização ocidental.

2. Platão e Hipócrates, que estudaram a relação entre a forma do corpo e o caráter das pessoas, são considerados os pioneiros da Criminologia.

PLEA BARGAINING

1. Barganha ou acordo entre acusação e defesa. A transação penal é instituto de tradição anglo-saxônica. O legislador brasileiro permitiu a transação penal exclusivamente nas infrações penais de menor potencial ofensivo. O instituto jurídico alemão denominado *Kronzeugenregelung* (regulamentação das testemunhas de acusação) e o italiano, denominado *patteggiamento*, foram inspirados no *plea bargaining*.

2. "No direito norte-americano, a iniciativa para fins de colaboração processual é exclusiva do órgão responsável pela acusação, cujo representante tem ampla discricionariedade para negociar com o acusado colaborador (*plea bargaining*), podendo inclusive dispor da ação penal, estando reservada

PLEA BARGAINING

ao juiz a homologação desse acordo". (SILVA, 2003, p. 86)
3. "O *plea bargaining* tem uma história: o direito penal americano é profundamente marcado pela herança calvinista dos Pais da Pátria. Confessar publicamente seu pecado, em ato de contrição, é uma atitude cristã. O direito tem a obrigação de favorecer tais atos de contrição. A instituição do *plea* – poder confessar sua culpabilidade – está enraizada na tradição. Antigamente, no início de cada processo, o juiz perguntava a seu concidadão pecador se desejava confessar-se publicamente, pedir perdão e aceitar livremente a sanção por seu crime. [...] A justiça anglo-saxônica aplica o *plea bargaining* de forma indiscriminada: até mesmo a punição de crimes os mais odiosos, envolvendo grande número de vítimas, pode ser negociada com os procuradores, o que é moralmente chocante e perigoso do ponto de vista da prevenção." (ZIEGLER, 2003, pp. 293, 299)
V. Constituição Federal de 1988, art. 98, I e Lei n° 9.099, de 26 de setembro de 1995.
V. Delação Premiada.

POLÍTICA CRIMINAL

PNUCID
Programa das Nações Unidas para o Controle Internacional de Drogas.

PÓ DE DOVER
Ópio.

POLÍCIA CIENTÍFICA
V. Criminalística.

POLÍCIA TÉCNICA
V. Criminalística.

POLICIOLOGIA
V. Criminalística.

POLÍGRAFO
Detector de mentiras.
V. Foto-polígrafo.

POLÍTICA CRIMINAL
1. A Política Criminal, que já foi ramo do Direito Penal, adquiriu significado autônomo. Forma, com o Direito Penal e com a Criminologia, os pilares do sistema das ciências criminais, inseparáveis e interdependentes. (GOMES; MOLINA, 2002, p. 152)
Segundo Marc Ancel, a Criminologia, o Direito Penal e a Política Criminal são ramos da ciência criminal moderna. (SANTOS, JOSÉ, 1987, p. 21)

2. Deve-se à Política Criminal os conceitos de periculosidade, das leis sobre a medida de segurança, do *sursis*, do livramento condicional, etc.

POLÍTICA-CRIMINAL ALTERNATIVA

Movimento político-criminal também conhecido como Nova Criminologia. É formado por várias correntes que se opõem à Criminologia tradicional, positivista. Esse movimento advoga a abolição do Direito Penal e da pena privativa de liberdade. Foi difundido pelo Grupo de Bolonha através da Revista *La Quaestione Criminale*.

POLÍTICA PENITENCIÁRIA

Disciplina que estuda o tratamento a ser dado ao criminoso com o objetivo de atingir maior eficiência na luta contra a criminalidade.

PÓLVORA BRANCA ASIÁTICA

Heroína.

PRICHARD, J.C.

1786-1848

Psiquiatra inglês, criou a expressão 'moral insanity' e, juntamente com Despine, desenvolveu a tese da Loucura Moral (moral insanity) que tanto influenciou Lombroso na sua teoria do criminoso nato.

PRIMEIRA-DAMA

1. (Gír.) Mulher do malaco. A mulher do bandido 'importante'.
2. "A palavra de uma primeira-dama sempre era respeitada na hierarquia do PCC. O pedido da mulher do fundador do Partido do Crime era uma ordem. Se ela desse um recado para algum 'lagarto' da facção matar alguém, a ordem era cumprida sem questionamento. Mas esse pedido deveria ser sempre feito em nome do *marido* dessa mulher. Os 'lagartos' são os 'soldados' da facção, ou seja, aqueles que obedecem às lideranças, aos 'cobras' do PCC." (JOZINO, 2005, p. 47)

PRISÃO

V. Pena de Prisão.

PRISÃO CELULAR

A primeira prisão celular foi criada em Firenze, Itália, em 1677, por Fellipo Franci. Alguns autores que afirmam que a prisão de São Miguel, criada em Roma em 1702, foi a primeira prisão celular.

PRISÃO MONÁSTICA

As primeiras prisões monásticas foram criadas pelo beneditino francês Jean Mabilon.

PROPRICÍDIO

O mesmo que suicídio ou autocídio.

PROSTITUIÇÃO

1. Comércio do sexo. É a natureza mercenária das relações sexuais que caracteriza a prostituição.

2. Lombroso pretendeu comparar crime e prostituição. Afirmava que existem prostitutas natas, que se identificam com os delinqüentes e prostitutas ocasionais. Lombroso escreveu *Mulher Criminosa e Prostituta*.

3. "A omissão dos Governos é, no caso da prostituição e da escravidão de mulheres, patente em nosso País, tanto no que diz respeito à implementação de programas sociais quanto no que se refere à atuação das Polícias que, não raro, representam um fator de agravamento da situação. E, nesse caso, nem é de se negar a falência de Estado de maneira geral para justificar as falhas na intervenção estatal. A prostituição resulta, antes de mais nada, da postura da moral hipócrita-conivente instalada no poder. Se a um tempo procura-se condenar a prática, culpando-se exclusivamente as mulheres pelos seus 'desvios', por outro lado tira-se o máximo proveito dos serviços que as prostitutas possam prestar, de forma a perpetuar um sistema de exploração da mulher hoje inadmissível face à evolução da concepção dos direitos humanos no mundo. [...] Para que o Brasil torne eficazes as Convenções e Pactos Internacionais aos quais aderiu, sua Constituição Federal e seu Código Penal, terá de lançar mão dos vários instrumentos legais de que dispõe para promover, antes de mais nada, a aplicação da legislação de igualdade entre os sexos em todas as regiões do País, atuação organizada e planejada da Polícia Federal e das Polícias Estaduais na repressão à escravidão, tráfico e prostituição de mulheres, bem como um posicionamento firme do Judiciário no sentido da punição dos envolvidos. Sem isso, não há que se falar em Direitos Humanos Femininos em território nacional." (ELUF, RT 699, pp. 439-442)

4. "A situação parece particularmente dramática para as mulheres. Muitos cartéis mantêm em Kiev, São Petersburgo, Alma-Ata, Tachkent e outras cidades 'agências de modelos' ou 'agências de recrutamento de dançarinas'. Fartas da miséria econômica de suas famílias, essas jovens respondem em massa aos anúncios diariamente publicados na imprensa local. Uma primeira seleção é efetuada nas agências. As jovens recebem contratos perfeitamente legais, além de um primeiro pagamento e uma passagem para o Ocidente. Ao desembarcarem em Berlim, Zurique, Paris ou Londres, não demoram a descobrir a armadilha. Em vez dos diretores de teatro, boates ou discotecas mencionados no contrato, são recebidas por donos de bordéis ou redes de proxenetas." (ZIEGLER, 2003, p.147)

PROSTITUTO
A ONU, pelo Conselho Econômico e Social, em reunião realizada em Tóquio, em 1957, sancionou a expressão 'prostituto' para designar o homem que se dedica à prática da prostituição.

PSEUDOCRIMINOSO
V. Falso Delinqüente.

PSICOLOGIA CRIMINAL
1. A Psicologia Criminal foi fundada por De Greef. José Flávio Braga do Nascimento (2003, p. 32), no entanto, afirma que o fundador da Psicologia Criminal foi Próspero Despine.
2. "A Psicologia Criminal se insere, assim, na Biologia Criminal, através de um estudo 'morfo-psico-moral do delinqüente, absorvendo em si a anatomia, a psicologia e a psicopatologia do criminoso." (FERNANDES, N.; FERNANDES, V., 2002, p. 89).
3. "Foi no século XVIII, na Alemanha, que surgiu a *psicologia criminal* ou *criminal-psychologie* de Schaumann, de Charles Eckardtshausen, de Münch; nome aceito modernamente por E. Wulffen, por Kauffmann e por Meuzer. No princípio do século XIX, esse nome foi substituído por *psichologia judiciária* ou *gerichtliche Psycologie*, com J. B. Friedrich, K.V. Ideler, F.L. Wilbrand, e mesmo modernamente por *psicologia do foro* ou *forensische Psychologie*, com H. Reichel e Charles Marbe. Foi no fim do século XIX que

apareceram os nomes *psico-patologia judiciária, gerichtliche Psychopatologie*, segundo Knafft-Ebing e A. Delbouck, ou criminal, com Birnbaum, na Alemanha, *Psicopatologia legal*, segundo Paul Kowalewski, na França." (SALDAÑA, 2003, p. 119)

PSICÔMETRO ELÉTRICO

Thomas Jouny e Julio Petersen inventaram o psicômetro elétrico, aparelho detector de mentira. "Thomas Jouny e Julio Petersen [...] já haviam pensado no criminoso perante a polícia e na descoberta da sua mentira, no momento em que a comoção cerebral, produzida pela oposi-ção entre a consciência e a vontade, devia desenvolver uma corrente elétrica, cuja intensidade pode medir-se pela elevação da chama, na lâmpada do aparelho." (SALDAÑA, 2003, p. 103)

PSICOSE CARCERÁRIA

A Psicose Carcerária é provocada, principalmente, pela privação da liberdade individual. Dentre os fatores que podem provocar a psicose carcerária estão as más condições do estabelecimento prisional, a má alimentação, os maus tratos, a promiscuidade, as doenças, a privação do convívio familiar, etc.

QUETELET, ADOLPHE
1796-1874

Astrônomo, demógrafo e sociólogo belga. Para Quetelet, o germe do crime está na sociedade que exerce influência sobre o caráter do homem. É sua a célebre frase: "A sociedade encerra dentro de si os germes de todos os crimes que se vão cometer; é ela que, de certo modo, os prepara; o criminoso é simplesmente o instrumento que os executa". Criou a Estatística Científica que deu lugar, depois, à Estatística Criminal. Foi um dos principais representantes da Estatística Moral ou Escola Cartográfica. Quetelet, Guerry, Mair, Fregier são os verdadeiros precursores do positivismo sociológico e do método estatístico.

QUETELET, LEIS TÉRMICAS

Quetelet sustenta, na obra intitulada *Física Social*, que o crime é um fenômeno social e que vários são os fatores que contribuem para seu cometimento. Cita a pobreza, a ignorância, o analfabetismo, as estações do ano, o clima, a raça, etc.

Para Quetelet, os delitos são cometidos ano após ano, com precisão matemática. Com base nessa teoria, criou as chamadas 'Leis Térmicas' para demonstrar, através da estatística, que no inverno é cometido um maior número de crimes contra a propriedade, no verão cometem-se mais crimes contra a pessoa e na primavera, há maior incidência de crimes contra os costumes. Preocupou-se em demonstrar, também, que a criminalidade masculina é maior que a criminalidade feminina. Os homens cometem mais crimes entre os 14 e 25 anos e, as mulheres, na faixa etária que vai dos 16 aos 17 anos.

V. Estatística Científica e Escola Cartográfica.

R

RACKET

1. Palavra inglesa que quer dizer extorsão, contrabando, trapaça, 'teto', 'proteção'. O que pratica racket: o que cobra taxas de 'proteção'.

2. "A Interpol estima que em certas regiões metropolitanas – sobretudo em Moscou, São Petersburgo e Vladivostok –, cerca de 80% dos restaurantes, estabelecimentos comerciais, empresas industriais, bancos, etc. estão submetidos à lei do *racket*. Na Rússia, esta atividade tem um nome poético: *krich* ('teto'). O chantagista vende à vítima sua proteção, um 'teto'. Segundo as mesmas estimativas, cerca de 70% dos bancos russos pertencem diretamente aos cartéis do crime organizado." (ZIEGLER, 2003, p. 128).

V. Racketeer e Racket Financeiro.

RACKET FINANCEIRO

'Teto', 'proteção'. 'Proteção' paga pelas grandes empresas para evitar a divulgação de falsos e ruinosos balanços por chantagistas profissionais.

RACKETEER

Palavra inglesa que significa traficante, bandido, aquele que vende proteção, etc.

RDD

O Regime Disciplinar Diferenciado foi introduzido no nosso sistema jurídico pela Lei nº 10.792, de 1º de dezembro de 2003, que alterou a Lei nº 7.210, de 11 de junho de 1984, (Lei de Execução Penal) e o Código de Processo Penal.

REPROVABILIDADE SOCIAL

Expressão que, no entender de Pimentel (RT 733/768) deveria substituir a palavra culpabilidade: "A palavra *culpabilidade*, mesmo quando empregada em sentido técnico, deveria ser abolida da doutrina e, em seu lugar, entronizada a expressão 'reprovabilidade social', em função da responsabilidade individual do imputável".

RESSOCIALIZAÇÃO

Reinserção social. Não é de hoje a idéia de corrigir o delinqüente, através da pena privativa da liberdade, para reinseri-lo na sociedade. Uma lei inglesa, datada de 1778, redigida por Blackstone, Eden e Howard, já previa o tratamento e a ressocialização do criminoso.

RETRATO JUDICIAL

"Com elementos fornecidos pela antropometria judicial, organizou-se a *ficha antropométrica*, à qual se acrescentam duas fotografias do criminoso – uma de frente e outra de perfil – para melhor servir à sua identificação. É o *retrato judicial*. Existe ainda para identificar os desconhecidos a filiação descritiva ou *retrato falado* de Bertillon." (SALDAÑA, 2003, p. 113)

RIBEIRO, LEONÍDIO

Leonídio Ribeiro foi Laureado com o 'Premio Lombroso', em 1933, pela Academia de Medicina da Itália. Na obra intitulada *Criminologia* (1957, p. 552), diz que o Direito Penal é "ciência abstrata e inócua que nada tem podido realizar, no campo da prevenção do crime e do tratamento do criminoso, porque, em verdade, só cuida do problema da repressão do delito.

ROBACOCHES

1. Como são chamados, no Paraguai, os ladrões de carros.
2. "...Nesse lugar, são comuns os traficantes e os *robacoches*, ladrões paraguaios que roubam automóveis e fazem trocas com os negociadores da droga". (SOUZA, Percival, 2002, p. 194)

S

SACRA CORONA UNITA

1. Máfia italiana. A *Sacra Corona Unita* nasceu na cidade de Lecce, região da Puglia, Itália. Foi criada no século XIX por trânsfugas dos clãs sicilianos e da Câmpania. Essa organização criminosa conta, atualmente, com cerca de mil membros distribuídos em cinqüenta sociedades. Atua, muitas vezes, em parceria com a *Cosa Nostra*, *Camorra* e *N´Dranghetta*. Suas principais atividades são: contrabando de cigarros, tráfico de drogas, de armas, de clandestinos, extorsões, usura, jogo, fraudes à Comunidade Européia.

2. "...É a mais jovem dentre as máfias italianas, pois começou a marcar presença no início dos anos 80. É uma organização menor por sua presença no território e pelo volume de negócios, mas nem por isso menos perigosa". (PELLEGRINI; COSTA JÚNIOR, 1999, p. 47)

SATURAÇÃO CRIMINAL

V. Lei da Saturação Criminal.

SCUDERIE LE COCQ

1. A organização criminosa denominada Scuderie Detetive Le Cocq foi fundada no Rio de Ja-

SCUDERIE LE COCQ

neiro, em 1964, após a morte do detetive Milton Le Cocq. De acordo com o estatuto da organização, registrado no Cartório Civil de Vitória, Espírito Santo, a Scuderie é uma instituição benemérita e filantrópica, sem fins lucrativos, com objetivo de servir à comunidade. Tem como fim o combate à criminalidade, aos tóxicos e o socorro à sociedade nos momentos difíceis.

2. Definida como uma máfia paramilitar tem entre seus 'associados': "...um juiz, um promotor, policiais rodoviários federais e estaduais, um delegado federal aposentado, fiscais da Fazenda estadual, um coronel da reserva do Exército, um conselheiro do Tribunal de Contas do Espírito Santo, seis vereadores, um deputado e um ex-deputado, ambos estaduais. Nas fichas ainda havia dados e fotos de noventa policiais militares, entre eles o então comandante geral da PM do Espírito Santo, 33 advogados, duzentos policiais civis e militares, peritos da Polícia Civil, funcionários da Justiça estadual e um banqueiro do jogo do bicho. Ao lado do fichário repousava um crânio humano, em gesso, com duas tíbias a embasá-lo, sus-

tentadas pelas iniciais 'EM'. [...] Brasília, maio de 1996. A Comissão de Direitos Humanos da Câmara Federal recebe um dossiê bombástico, de 67 páginas. É assinado pelo delegado Francisco Vicente Badenes Júnior e pelo promotor de Justiça Luís Renato, do Espírito Santo. O documento denuncia em detalhes a estrutura daquela que é apontada, em 1996, como a maior organização atuante do crime organizado de que se tem notícia no Brasil. Chama-se Scuderie Detetive Le Cocq, agremiação integrada basicamente por policiais civis e militares do Espírito Santo e com ramificações em Brasília, Minas Gerais e Rio de Janeiro. A organização é acusada de exterminar meninos de rua, roubar carros, traficar drogas, promover seqüestros, matar sob encomenda e vender proteção. Na organização, diz o dossiê, estão 'mais de mil pessoas, que são reconhecidas personalidades, incluindo um juiz de Direito, um promotor de Justiça, duzentos policiais civis e militares, fiscais da Fazenda, um coronel do Exército e um juiz-conselheiro do Tribunal de Contas'. O grupo seria a mais bem organizada falange do crime interestadual, no Brasil, nos anos 90. [...] Miguel Reale Junior, Ministro da Justiça, pediu demissão do cargo em virtude do presidente Fernando Henrique Cardoso não ter autorizado a intervenção federal no Estado do Espírito Santo". (ARBEX JUNIOR; TOGNOLLI, 2004, pp. II, 25, 79)

SEELIG, ERNEST

Seelig, professor austríaco, entendia que a Criminologia era a ciência do crime e o crime um comportamento psiquico-corpóreo e culposo, contrário à sociedade, juridicamente proibido e ameaçado com pena. (SEELIG, 1957, p. 6)

SERIAL KILLER

Expressão inglesa que quer dizer matador, assassino em série.

SERVIDÃO PENAL

1. Pena restritiva da liberdade.
2. "No tocante às medidas que afetam a liberdade, a *servidão penal* raramente aparece como pena no regime das Ordenações. Ela, no entanto, era admitida, como, por exemplo, no caso de um mouro ou um judeu que pre-

tendia se fazer passar por cristão. Em tal hipótese, o rei poderia determinar a sua entrega como escravo a qualquer pessoa: 'fazer mercê dele a quem nos aprouver, assim como de cousa nossa' (Tit.26)." (DOTTI, 2003, p. 279)

SINDICATO DO CRIME

V. Cosa Nostra Americana.

SÍNDROME DE ESTOCOLMO

1. Fenômeno também conhecido por Síndrome do 'Seqüestrado Feliz', caracteriza-se pela empatia da vítima pelo seu agressor. A expressão surgiu, em 1973, após o roubo do Kreditbank em Estocolmo, quando algumas pessoas foram mantidas reféns e presas no cofre do banco pelos criminosos. O termo foi empregado, na ocasião, pelo criminólogo e psicólogo Nils Bejerot e, a partir de então, tem sido usado por criminólogos e psicólogos para designar toda relação de simpatia que se desenvolve entre vítima e agressor. Costuma-se citar, como exemplo da Síndrome de Estocolmo, a relação de cumplicidade desenvolvida por Patrícia Hearst, seqüestrada pelo Exército Simbionés de Libertação, que

após ser colocada em liberdade uniu-se à organização.

2. "O nome se origina de um evento crítico ocorrido em Estocolmo, na Suécia, em 1973. Dois assaltantes (Jan Olson e Clark Olofsson) mantiveram por uma semana seis pessoas como reféns, presas dentro do cofre do Banco de Crédito de Estocolmo. Após a libertação, manifestaram grande hostilidade contra os policiais e defenderam ardorosamente os bandidos que os agrediram e humilharam, além de pagar por sua defesa. Afinal, deviam suas vidas à generosidade dos bandidos..." (CASOY, 2004, p. 25)

SISNAD
Sistema Nacional de Políticas Públicas sobre Drogas instituído pela Lei n° 11.343, de 23 de Agosto de 2006.

SISTEMA PENITENCIÁRIO
1. John Howard foi o criador do sistema penitenciário.
2. "O problema penitenciário é o calcanhar-de-aquiles sem solução até então para deter a violência urbana que assola o Brasil: não há vagas suficientes no sistema carcerário para abrigar os condenados pela Justiça; quem está preso vive em situações subumanas em celas irrespiráveis de presídios superlotados, nos quais os bandidos de altíssima periculosidade convivem em promiscuidade total com outros menos perigosos, ou em xadrezes de Delegacias de Polícia sem as mínimas condições de segurança e de habitabilidade." (TALLI, 2001, p. 182)

SISTEMA PENITENCIÁRIO AUBURNIANO
1. Sistema de *Auburn* ou *Silent System*.
2. Sistema carcerário adotado por uma instituição penitenciária situada em Auburn, Estado de Nova Iorque, na década de 1820. Prescrevia o isolamento celular do condenado à noite e as refeições e o trabalho em companhia dos outros presos sob, no entanto, rigoroso silêncio. "Se, por um lado, constituiu progresso em relação ao pensilvânio, com isolamento somente noturno, por outro lado violenta a dignidade da pessoa humana com a aplicação de estúpidos castigos corporais." (SANTOS, José, 1987, p. 10)
3. "A vantagem do sistema de Auburn em relação ao sistema da Filadélfia estava na possibili-

dade de adaptar o preso à rotina industrial: o trabalho em oficinas, durante oito ou dez horas diárias, compensava custos do investimento e dava perfil mais racional ao presídio. Na Filadélfia, o trabalho era artesanal e não-remunerado; em Auburn, a organização do trabalho estava entregue a empresas." (CARVALHO FILHO, 2002, p. 25)

SISTEMA PENITENCIÁRIO DA FILADÉLFIA
V. Sistema Penitenciário Pensilvânico.

SISTEMA PENITENCIÁRIO PENSILVÂNICO
1.Também denominado Sistema Penitenciário da Filadélfia e Sistema Belga. Foi inaugurado em 1829, na penitenciária de East, na cidade de Filadélfia (EUA) e abolido em 1913. Esse sistema impunha o isolamento total da pessoa (*solitary confinement*). Os condenados, completamente separados, freqüentemente enlouqueciam. Alguns países ainda adotam o Sistema Pensilvânico.
2."Pretendia-se estimular o remorso, o arrependimento, a meditação, a oração. Os presos es-

tavam afastados do mundo exterior e separados uns dos outros – livres, portanto, de influências maléficas. A única leitura possível era a *Bíblia*." (CARVALHO FILHO, 2002, p. 24)

SISTEMA PENITENCIÁRIO PROGRESSIVO
O sistema penitenciário progressivo foi aplicado em Genebra a partir de 1825 e, na Irlanda, desde 1854. Pelo regime progressivo, a pena privativa de liberdade vai gradativamente tornando-se mais branda à medida que transcorre o tempo estipulado na sentença condenatória.

SKUNK
Planta de efeito similar ao haxixe. É cultivada na Holanda onde recebe o nome de 'Urina de Gambá'.

SMURFS
"Os cartéis desenvolveram uma novidade, os chamados 'smurfs'. São os soldados rasos de equipes chamadas células, cada uma supervisionada por um patrão. Correm a vários bancos diferentes, depositando em diferentes contas. Na década de 80 uma taxa de 6% era

cobrada pelos lavadores sobre o montante abluído. Em 1994, um serviço completo de lavagem cobrava taxas de 26%, incluindo serviço de aplicação dos narcodólares em fontes legais de investimento. Para reduzir o peso do dinheiro vivo, os especialistas em lavagem encontraram uma saída simples e legal. Transformam o dinheiro vivo em ordens de pagamento, via empresas tradicionais como U.S. Postal e American Express. Essas ordens podem ser contrabandeadas por avião ou remetidas por serviços privados de *courier*. O Panamá vem sendo o país preferido para se lavar narcodólares via ordens de pagamento." (ARBEX JUNIOR; TOGNOLLI, 2004, p. 96)

SOCIOLOGIA CRIMINAL

1. Ferri é considerado o fundador da Sociologia Criminal. A locução, 'Sociologia Criminal', apareceu no seu livro *Nuovi Orizonti del Diritto e della Procedura Penale*. Nessa obra, que na terceira edição recebeu o título *Sociologia Criminal*, Ferri demonstrou que as causas geradoras do crime são de natureza moral, econômica, política e étnica. A Sociologia Criminal, contudo, só adquiriu *status* de ciência a partir do 3° Congresso de Antropologia Criminal, realizado em Bruxelas, em 1892. Esse congresso marcou a virada das explicações da Escola Positiva em favor das teorias sociológicas. Para Ferri, a Sociologia Criminal é uma ciência enciclopédica e o Direito Penal um dos seus ramos. Grispigni, Antolisei, De Greef, combateram vigorosamente essa teoria de Ferri. O objeto da Sociologia Criminal é o estudo do crime como fenômeno social e, seu método, o estatístico.

2. Alessandro Baratta (2002, p. 24) afirma que a Sociologia Criminal opõe-se ou contrapõe-se à Antropologia Criminal. Para esse autor a Sociologia Criminal "estuda o comportamento desviante com relevância penal, a sua gênese, a sua função no interior da estrutura social dada".

SOCIOMETRIA

"Mensuração ou estudo quantitativo de fatos sociais, para investigar problemas próprios da Antropologia." (SANTOS, José, 1973, p. 75)

SOCIOPLÁSTICA

1. "Teoria defendida por Afrânio Peixoto e que seria a prevenção social, a seleção biológica para se obter uma sociedade melhor, livre de flagelos do crime e da doença. Seria mudar a plástica social, consertar biologicamente." (SANTOS, José, 1987, p. 144)

2. "É um sonho. Impedir, se possível. Se não, consertar. Como um plantador escolhe as melhores sementes e um criador os melhores reprodutores, também o Estado se interessará pela sua formação mais que sua indústria, sua vida. [...] Consertar biològicamente, com as increções, a cirurgia endócrina, os enxertos. Consertar, refazendo, melhorando, numa acertada bioplástica e não poderão ser mais anormais. Consertar sociològicamente, adaptar à comunidade, como diz Adler, *Erzichung zur Gemeinschaft* pela psicologia, profunda ou superficial, pela pedagogia, pela educação, reeducação, fazendo e refazendo homens sociáveis, honestos, bons, homens 'econômicos' e justos, e não poderão ser criminosos. A socioplástica será uma utopia: seja... A tardia rea-

lidade é sempre descendente de uma idéia temporã". (PEIXOTO, A., 1953, p. 319)

SOKAIA

1. Os *sokaia são* membros da organização criminosa japonesa Yakusa. São chantagistas profissionais especializados nas chamadas 'chantagens corporativas'.

2. "Existe no Japão um cartel de mafiosos particularmente sofisticado que se chama Sokaia. Seus gângsteres têm uma especialidade: obtêm mediante corrupção e violência informações confidenciais sobre uma empresa (*insider informations*, em inglês). De posse dessas informações, passam a exercer uma lucrativa chantagem sobre os dirigentes da empresa em questão." (ZIEGLER, 2003, p. 196)

SOLDADOS DA MÁFIA

1. São os 'homens de honra' da máfia italiana e ítalo-americana.

2. "Indivíduos selvagens, criados para matar desde a infância – é o que são esses homens tão equivocadamente conhecidos como 'de honra'. Quem o confessa é um dos mais importantes deles, Calefore Ganci, 'homem de hon-

ra' de uma poderosa família de Palermo desde 1980, cujo pai, os dois avôs e todos os irmãos pertencem ao crime organizado. [...] No interior dos cartéis da criminalidade transnacional organizada, a violência constitui o principal fator de promoção. Ela garante a mobilidade social vertical. São as qualidades pessoais do 'soldado', sua inteligência, sua astúcia, seu autocontrole, mas sobretudo sua brutalidade e seu sangue frio que determinam sua ascensão." (ZIEGLER, 2003, pp. 69, 85)

SPEED
Subproduto da ecstasy que pode ser inalado, injetado e fumado.

SQUADRA MOBILE
Esquadrão italiano antimáfias.

STOP PRISION RAPE
1. Organização não-governamental que apura a violência sexual nas prisões norte-americanas. Em outubro de 2001, esta organização calculou em cerca de trezentos e sessenta e quatro mil o número de atos de violência sexual praticados, anualmente, nas prisões dos Estados Unidos da América contra, principalmente, jovens e presos não violentos.
2. "Ao contrário de outros países, que ainda não se voltaram para o problema, como se a hipótese do 'estupro' fosse inerente à perda da liberdade, há nos EUA uma saudável mobilização contra a violência sexual (*rape*), prática entranhada no sistema, inclusive como mecanismo de punição informal de presos. Por seu impacto psicológico devastador, a violência sexual é apontada como um dos fatores determinantes da reincidência criminal e como uma das principais causas de suicídio, que, por sua vez, é uma das principais causas de óbito entre encarcerados." (CARVALHO FILHO, 2002, p. 14)

STRAPPATA
Suplício bárbaro e cruel que geralmente aleijava os supliciados. Foi usado, antigamente, na Itália, para castigar ladrões. (SANTOS, José, 1987, p. 145)

TARDE, GABRIEL
1843-1904
1.Psicólogo e magistrado, Tarde acreditava que a origem do crime estava nas influências sociais que agiam complexamente sobre o indivíduo. É dele o axioma: "Nenhum de nós pode gabar de não ser um criminoso-nato, relativamente a um estado social determinado, passado, futuro ou possível". Tarde escreveu A Criminalidade Comparada, As Leis de Imitação e A Filosofia Penal.

TASK FORCE ODESSA
Serviço especial criado pelos EUA com o objetivo de combater as organizações criminosas especializadas no tráfico de substâncias nucleares.

TATUAGEM
1. Do taitiano 'tatau' ou 'tatahu'. Marca, desenho ou pintura na pele. Lombroso acreditava que as tatuagens, usadas pelos criminosos, eram decorrentes da sua pouca sensibilidade à dor. Alexandre Lacassagne, que foi professor de Medicina Legal em Lyon, na sua obra Le Tatouage, afirma ter analisado cento e onze tatuagens de criminosos. Destas, cinqüenta e uma estavam li-

gadas aos delitos por eles praticados.

2. "Inscrição ou desenho indelével, gravado na pele por meio de agulhas finíssimas, que nela introduzem, para esse fim, substâncias corantes de origem mineral ou vegetal [...] Por seu caráter indelével, permanente, constitui a tatuagem excelente recurso de que se pode utilizar para a identificação física de pessoas. Além disso, seu aspecto e localização, o tema de sua representação, os dizeres de suas inscrições e outros pormenores mais, podem fornecer indícios, pelo menos de presunção, com respeito à nacionalidade, à profissão, ao grau de cultura, ao caráter, às inclinações, ao perfil psicológico de quem as apresente, vivo ou morto." (ZACHARIAS, M.; ZACHARIAS E., 1991, pp. 447, 450)

3. "A *tatuagem* é uma sensibilização voluntária da pele humana que, graças a processos técnicos primitivos, reproduz a imagem duma pessoa ou dum objeto. Assim é que as figuras do exterior, por meio de profundas picadas e mesmo de cortes tintos ou de fundas cicatrizes conexas, são fixadas sobre o corpo, aí persistindo mais longamente do que as imagens na retina.

Antes de serem fixadas certamente tinham sido escolhidas pela afeição. São curiosas e mesmo interessantes. [...] A tatuagem que não é senão uma questão suntuária – cuja moda nos veio como o tabaco, dos selvagens – é hoje praticada não somente pelos criminosos e marujos, mas também por *sportsmen* absolutamente honestos: mesmo por um rei europeu, diz-se. É acondicionada pelo estado de nudez natural (os selvagens) ou profissional (os marujos, os soldados, os pastores, certos operários e prostitutas) ou ocasional (os *sportsmen*, os prisioneiros, sobretudo das colônias durante os trabalhos forçados). Não é absolutamente, contra o erro de Lombroso, um estigma psicológico do criminoso nato." (SALDAÑA, 2003, pp. 166, 167)

4. Lombroso acreditava que os criminosos suportavam bem as tatuagens em virtude da sua pouca sensibilidade à dor. Lacassagne, na obra *Tatouage*, afirma que analisou cento e onze tatuagens de criminosos. Dessas, cinqüenta e uma estavam relacionadas aos delitos por eles praticados.

5. "Os cartéis chechenos parecem apresentar certas características que os tornam particularmente

perigosos: a estrutura fortemente clânica dessa nação caucasiana favorece uma compartimentalização e uma homogeneidade extremas entre os matadores dos diferentes cartéis. Os membros de cada cartel trazem no corpo singulares tatuagens ritualísticas: um pássaro de rapina Cáucaso, duas espadas cruzadas, um crânio com olhos vazios e outros sinais totêmicos." (ZIEGLER, 2003, p.79).

TATUAGEM JUDICIAL
1. Processo de identificação do criminoso.
2. "A *tatuagem judicial* proposta por Bentham, mais tarde por Liersch, na Alemanha, e mesmo pelo Dr. Severin Icard, em Marselha, foi sempre desaprovada como um disfarce da *marca*." (SALDAÑA, 2003, p. 112)
V. Marcas.

TAXINOMIA DAS INFRAÇÕES
1. Ou taxionomia. Teoria das classificações.
2. "Assim os canonistas dedicaram uma atenção pioneira à taxinomia das infrações, enunciando mesmo o princípio que voltará à tona no século XVIII e ganhará corpo na legislação moder-

na em versão secular: 'Não há pecado se não houve proibição', escreve o bispo Pedro Lombardo em seu *Livro das sentenças* (Século XII); [...] 'Nenhuma contravenção, nenhum delito, nenhum crime pode ser punido com penas que não eram previstas por leis antes que fossem cometidos', parece reiterar o Código Penal francês (art. 3°). Os canonistas criaram o direito criminal moderno, mas não por razões modernas. Sua dissecção meticulosa dos atos suscetíveis de depender da jurisdição interna ou externa da Igreja produziu uma teoria das *intenções* do autor do crime ou do pecado cujos termos impregnavam as concepções atuais." (ANDRIEU, 2000, p. 301)

TAXIONOMIA
V. Taxinomia.

TEMIBILIDADE
Termo criado por Garofalo para designar a qualidade da pessoa perigosa que pode reincidir no crime. Para Garofalo a 'temibilidade' é o fundamento do direito de punir.

TENDÊNCIA CRIMINOSA
V. Criminosos por Tendência.

TEORIA ANATOMOPA-TOLÓGICA

1. Nicola Pende elaborou a Teoria Anatomopatológica com base nos estudos de Lombroso estabelecendo vínculo entre patologia cerebral e gênese da criminalidade.

2. "...Hilário Veiga de Carvalho, em importante trabalho apresentado à conceituada e prestigiosa Sociedade de Medicina Legal e Criminologia de São Paulo e publicado em excelente revista [...], lançou as bases científicas de uma "Anatomia Patológica Criminal", inspirada na Criminiatria do professor Francisco da Veiga, e que estudaria 'post mortis' o homem delinqüente". (SANTOS, José, 1973, p. 75)

TEORIA BIOANTROPOLÓGICA

Teoria atual, relativa à estrutura orgânica do indivíduo. O delinqüente é um ser organicamente diferente do cidadão normal. Para essa corrente existem pessoas predispostas para o crime.

TEORIA DA EXTENSÃO

Pela Teoria da Extensão, ensinada pelos italianos, o crime não desaparece, transforma-se.

TEORIA DOS SUBSTITUTIVOS PENAIS

1. Ferri denomina 'substitutivos penais' as medidas de reparação, prevenção ou higiene social. Através do 'Sistema de Substitutivos Penais', Ferri propõe um programa político-criminal de luta e prevenção do delito dispensando o Direito Penal. Para ele, a luta contra o crime não pode ser do Direito Penal e sim da Sociologia Criminal. Afirmava, também, que os juízes criminais deveriam ter conhecimentos suficientes de Psicologia, Antropologia e Psiquiatria para poderem analisar cientificamente o caso concreto.

2. A teoria de Ferri é a seguinte: "...o delito é um fenômeno social, com dinâmica própria e etiologia específica, na qual predominam os fatores 'sociais'. Em conseqüência, a luta e a prevenção do delito devem ser concretizadas por meio de uma ação realista e científica dos poderes públicos que se antecipe a ele e que incida com eficácia nos fatores (especialmente nos fatores sociais) criminógenos que o produzem, nas mais diversas esferas (econômica, política, científica, legislativa, religiosa, familiar, educativa, administrativa, etc.)

neutralizando-os". (GOMES; MOLINA, 2000, p.183)

TERCEIRO COMANDO
Associação criminosa. Uma dissidência do Comando Vermelho.

TERESA
(Gír.) Corda feita de panos pelos detentos.

TERRORISMO
1. A Convenção de Genebra, de 1937, prevê no art. 1º: "Na presente Convenção, a expressão 'atos terroristas' quer dizer fatos criminosos dirigidos contra um Estado, e cujo objetivo ou natureza é de provocar o terror em pessoas determinadas, em grupos de pessoas ou no público". No art. 2º enumera os fatos criminosos. A Resolução nº 1.373 do Conselho de Segurança da ONU, adotada em 28 de setembro de 2001, estabeleceu que "todo Estado membro tem a obrigação de abster-se de organizar, instigar, colaborar ou participar de atos terroristas em outro Estado ou concordar com atividades organizadas dentro de seu território cujo objetivo seja a execução de tais atos". Decidiu que os Estados membros, dentre outras ações, deverão: "impedir e suprimir o financiamento de atos terroristas; negar refúgio seguro para aqueles que financiem, planejem, apóiem ou cometam atos terroristas; apoiar um ao outro no processo de investigações ou procedimentos criminais relacionados com o financiamento ou apoio a atos terroristas, inclusive colaborando no processo de obter evidências que sejam necessárias para estes procedimentos; observar com preocupação a estreita ligação entre o terrorismo internacional e o crime organizado transnacional, drogas ilícitas, lavagem de dinheiro, o tráfico ilegal de armas e a movimentação ilegal de material nuclear, substâncias químicas e biológicas e outras igualmente mortais, e sob este aspecto enfatizar a necessidade de aprimorar a coordenação de esforços a nível nacional, sub-regional, regional e internacional que fortaleçam uma resposta mundial a esta ameaça contra a segurança internacional". 2. A Constituição Federal proclamou o repúdio ao terrorismo no art. 5º, XLIII, considerando-o crime inafiançável e insuscetível de anistia ou graça. A Lei nº 8.072, de 25 de julho de 1990, dispõe, no art. 2º, que o terrorismo é

insuscetível de fiança, liberdade provisória, apelação em liberdade (salvo quando permitida pelo juiz em decisão fundamentada) e progressão de regime (incisos I e II).

3. A Lei nº 7.170, de 14 de dezembro de 1983, prevê o crime de terrorismo.

4. Os grupos terroristas mais conhecidos são os seguintes: 'Al Fatah', 'Hamas', 'Resbolah', 'IRA' (Irlanda do Norte), 'ETA' (Espanha), 'Brigada Vermelha' (Itália), 'Frente Nacional de Libertação' (Córsega), 'Exército de Libertação Nacional' (Colômbia), 'FARC' (Colômbia), 'GIA' (Argélia), 'Sendero Luminoso' (Peru), 'Tupac Amaru' (Peru), 'Al Gama'a' (Egito), 'Organização Revolucionária' (Grécia), 'Luta do Povo Revolucionário' (Turquia), 'Hesbollah' (Líbano), 'Al Qaeda' (Afeganistão), 'Exército Vermelho Japonês' (Japão), 'Klmer Vermelho' (Camboja), 'FDLP' (Palestina), 'Mujahedim Klalq' (Irã), 'PKK' (Curdistão).

TERZA SCUOLA
V. Escola Crítica.

TIJUANA MEXICANA
Máfia Mexicana.

TOPINARD, P.
1830-1911
Topinard, médico e antropólogo francês, criou o termo 'Criminologia'.

TORTURA
1. A tortura é crime inafiançável e insuscetível de graça ou anistia. (art. 5º, III e XLIII da Constituição Federal de 1988) A Lei nº 9.455, de 7 de abril de 1997, define o crime de tortura no art. 1º. A Lei nº 8.072, de 25 de julho de 1990, por sua vez, impõe à prática de tortura o mesmo tratamento penal dado aos crimes hediondos proibindo a anistia, a graça, o indulto, a fiança, a liberdade provisória, a progressão de regime, a apelação em liberdade (salvo quando permitida pelo juiz em decisão fundamentada) e aumenta o prazo para 2/3 de cumprimento da pena para obtenção do livramento condicional.

2. "Não há dúvida que com a Lei nº 9.455/97 se proporcionou um avanço em nossa legislação penal com a tipificação dos crimes autônomos de tortura, mas é de se lamentar que em vários de seus dispositivos poder-se-ia dotar o país de uma legislação mais apurada para a repressão de tão gra-

ve delito". (MIRABETE *Tortura: notas sobre a Lei n° 9.455/97, in* Doutrina 5, pp. 13-21.

3. "Um dos mais perniciosos legados dos períodos de ditadura no Brasil, especialmente do regime militar iniciado em 1964, foi a prática da tortura como método corriqueiro de investigação policial e política. Embora já superada a fase de execução, é sabido que o efetivo respeito à dignidade e à integridade da pessoa humana ainda não se restabeleceu no País, permanecendo a tortura, com preocupante freqüência, como instrumento de interrogatório policial tanto nos grandes centros urbanos como nas áreas rurais, apesar da proibição expressa da Constituição de 1988." (ELUF, RT nº 699, pp. 439-442).

4. A Carta Magna de 1824 aboliu a pena de tortura no Brasil. A França suprimiu a tortura em 1870, a Espanha em 1817, Hanóver em 1840 e a Prússia em 1851.

TOUPEIRA
V. Agente Infiltrado.

TOXICOLOGIA
Tratado, estudo dos tóxicos e dos venenos. Aplicada ao Direito Penal denomina-se Toxicologia Forense.

TOXICOMANIA
A Organização Mundial de Saúde conceituou a toxicomania como sendo todo estado de intoxicação crônica ou periódica decorrente do consumo reiterado de droga, natural ou sintética, causando danos para o usuário e para a sociedade.

TRÁFICO DE DROGAS
1. Por tráfico de drogas devem ser entendidas as condutas definidas nos arts. 33, 34, 35, 36 e 37 da Lei nº 11.343, de 28 de agosto de 2006, que revogou a Lei n° 6.368, de 21 de outubro de 1976 e a Lei n° 10.409, de 11 de janeiro de 2002. De acordo com o art. 5º, XLIII, da Constituição Federal de 1988, o tráfico ilícito de entorpecentes e drogas afins é crime inafiançável e insuscetível de graça ou anistia.

2. "Embora a palavra tráfico possa ser tomada como *comércio, negociação*, ela também tem o sentido de *negócio indecoroso, fraudulento*." Tanto o substantivo como o adjetivo *traficante*, como o verbo *traficar* e o substantivo feminino *traficância*, todos encerram um sentido de *ilícito*, de fraude, pejorativo. Talvez pretenda a lei enfatizar, realçar bem

o sentido da palavra para que sobre ele não restem dúvidas." (SANTOS, José. 1994, p. 18)

TRÁFICO NUCLEAR

1. O tráfico de substâncias nucleares recebe especial atenção dos serviços de inteligência de todo o mundo. Arbex Júnior e Tognolli (2004, p. 34) contam: "Em 1992, a Interpol (polícia internacional) detectou e interceptou um grupo formado por dois espanhóis e um colombiano que transportavam plutônio, ilegalmente, num vôo entre Moscou e Munique. O plutônio, como se sabe, é um elemento fundamental para a fabricação da bomba atômica. Não foi possível estabelecer um vínculo entre o contrabando de plutônio e os cartéis da droga da Colômbia, mas a mera possibilidade de que possa existir algo dessa natureza já era, obviamente, alarmante. Em maio de 1993, foi apreendida em Vilna, Lituânia, uma carga ilegal de 4,4 toneladas de berílio (usado em sistemas de mísseis teleguiados, em aviões de alta performance e em materiais óticos de precisão). Uma investigação de cinco meses realizada pela rede de TV CBS provou, irrefutavelmente, pela primeira vez, que o crime organizado estava por trás da carga ilegal. Ela seria vendida a 'coreanos' por US$ 24 milhões, o equivalente a dez vezes o seu valor de mercado. Mas talvez nem seja esse o maior problema em relação ao 'tráfico nuclear'. Cargas ilegais ainda podem ser detectadas e apreendidas, como aliás aconteceu nos casos em questão. O mesmo não se pode dizer dos técnicos que possuem o conhecimento de processos fundamentais para a produção de armas nucleares. Como impedir que eles vendam o seu conhecimento? Não há resposta para isso".

2. "Os Estados Unidos também são um mercado privilegiado para os traficantes de substâncias nucleares. Em 1997, as autoridades federais americanas identificam vinte e cinco organizações mafiosas russas especializadas nesse tipo de tráfico." (ZIEGLER, 2003, p. 183)

TRAIÇÃO BENÉFICA
V. Delação Premiada.

TRÍADES CHINESAS
1. Máfia asiática. Organização criminosa chinesa baseada em Hong Kong. As Tríades estão li-

gadas aos jogos de azar, à extorsão, à usura, às fraudes, ao tráfico de estupefacientes, à exploração do lenocínio, à pirataria de vídeo, ao tráfico de armas.

2. "A palavra 'tríade' exprime os três lados de um símbolo, ainda hoje em uso, que traz suas origens no antigo movimento chamado Huang Mun. O triângulo indica as três forças primárias do universo – céu, terra e homem." (PELLEGRINI; COSTA JÚNIOR, 1999, p. 63)

3. As Tríades "...faturam, anualmente, algo em torno de US$200 bilhões, obtidos mediante extorsão, exploração da prostituição, tráfico de heroína, transporte ilegal de gente que quer fugir do comunismo, indústria do lazer e entretenimento, mídia e bancos. [...] Com freqüência, as Tríades se associam à Yakusa e às máfias russas para fazer comércio através do porto extremo-oriental russo de Vladivostok. Dali, as mercadorias – drogas, equipamentos eletrônicos de consumo, computadores, relógios, armas, etc. – são exportadas para as grandes cidades da Rússia e repúblicas vizinhas". (ARBEX JÚNIOR; TOGNOLLI, 2004, p. 36)

4. "Responsável pelo tráfico de heroína, a máfia chinesa opera em todo o Brasil, embora use como sede de operações a cidade de São Paulo. Costuma cobrar 'taxa de proteção' e exige dinheiro dos orientais que se encontram irregularmente no país. Nos últimos 15 anos, 20 chineses foram assassinados nos bairros da Liberdade, Vila Mariana e da Saúde, em São Paulo. Eles teriam se recusado a pagar a taxa." (FERNANDES, N.; FERNANDES, V., 2002, p. 517)

5. A 'Sun Yee On' (Futuro de Justiça e Paz) é a mais poderosa tríade chinesa. Atua em países da Ásia, nos Estados Unidos, no Canadá, na Austrália e na República Dominicana. A tríade 'Wo Sing Wo' (Grupo Harmonia), possui cerca de vinte mil membros atuando na China, Canadá, Estados Unidos e Austrália. A 'Tai Hung Chai' (Sociedade do Grande Círculo) é formada por ex-comunistas chineses que operam em Hong Kong, Taiwan, Filipinas, Japão, Holanda, Estados Unidos, Canadá e Austrália. São também conhecidas as tríades denominadas 'Sociedade do Bambu' e '14 K'.

TRIBUNAL PENAL INTER-NACIONAL

O Tribunal Penal Internacional foi criado pelo Estatuto de Roma, em 17 de julho de 1998. Tem sede em Haia, na Holanda. Trata-se de instituição permanente, com jurisdição para julgar crimes de genocídio, crimes contra a humanidade, crimes de guerra e de agressão. Os crimes de competência desse tribunal são imprescritíveis, por atentarem contra toda a humanidade. O Tribunal Penal Internacional foi incluído em nosso ordenamento constitucional pela EC nº 45/2004 que acrescentou o § 4º, ao art. 5º, da Constituição Federal.

UNABOMBER
Theodore J. Kacynski, formado em Harvard, professor de matemática na Universidade de Berkeley, tornou-se conhecido por enviar bombas artesanais para seus desafetos que eram, geralmente, políticos, cientistas e industriais.

UOMO D´ONORE
'Homens de honra' da Máfia Italiana e ítalo-americana.
V. Soldados.

URINA DE GAMBÁ
V. Skunk.

US. MÁFIA
Máfia norte-americana.

V

VIRGÍLIO, A.
1836-1907

Virgílio, durante uma pesquisa, chegou a examinar cerca de trezentos prisioneiros procurando anomalias congênitas, estigmas corporais, enfermidades orgânicas e neurológicas. Dois anos antes de Cesare Lombroso empregou a expressão 'criminoso nato' na sua obra *Sulla natura morbosa del delito*.

VITIMOLOGIA

1. De Greef foi quem primeiro se preocupou com a vítima do delito. No entanto, Hans Von Hentig é citado por alguns autores como sendo a primeira pessoa a ocupar-se de seu estudo. A doutrina, contudo, foi desenvolvida pelo advogado e criminólogo judeu, Benjamin Mendelsohn, no seu livro *Sociologia Jurídica*. Mendelsohn classificou as vítimas em: a) vítima totalmente inocente; b) vítima menos culpada que o criminoso; c) vítima tão culpada quanto o criminoso; d) vítima mais culpada que o criminoso; e) vítima totalmente culpada. Mendelsohn publicou, também, *Psicologia Jurídica*.

2. A Lei n° 9.807, de 13 de julho de 1999, "estabelece normas para a organização e a manutenção de programas especiais de proteção a vítimas e a testemunhas ameaçadas, institui o Programa Federal de assistência a Vítimas e a Testemunhas Ameaçadas e dispõe sobre a proteção de acusados ou condenados que tenham voluntariamente prestado efetiva colaboração à investigação policial e ao processo criminal".

VIÚVA ALEGRE
Viatura policial na linguagem popular. O mesmo que camburão.

VOLTAIRE
1694-1778
François Marie Arouet, chamado Voltaire, que esteve preso, por duas vezes, na Bastilha, lutou pela reforma das prisões, pela substituição da pena de morte por trabalhos forçados e pela abolição da prática da tortura como meio de se obter uma confissão. Para o filósofo francês, o roubo e o furto são os delitos praticados pelos miseráveis. Voltaire escreveu *Traité sur la tolérance* e *Dictionnaire*

philosophique onde expõe seus pensamentos filosóficos e religiosos.

VON LISZT
V. Escola Sociológica da Alemanha

VOR V ZAKONE
1. Os *Vor v zakone*, 'ladrões na lei', são os padrinhos da organização criminosa russa que surgiu na última década do século XIX, na Sibéria. Essa organização dedica-se à pratica de extorsão, tráfico de mulheres, corrupção, desvio de dinheiro público, roubos, etc.
2. "Com a revolução bolchevista o cartel foi considerado contra-revolucionário e seus membros passaram a ser punidos com a morte. Em 1953, com a morte de Stalin, esse tratamento foi abrandado, o que possibilitou a formação de diversos grupos especializados na corrupção estatal e na exploração do mercado negro. Com a eleição de Mikhail Gorbatchev e a implantação da *perestroika*, essas organizações empunharam a bandeira da defesa do Estado contra a agressão do capitalismo ocidental, transformando-se para mui-

tos russos num verdadeiro refúgio da dignidade nacional." (SILVA, 2003, p. 23)

4. "Nenhuma formação criminosa no mundo assemelha-se aos bandos mafiosos surgidos dos escombros da antiga União Soviética. Sua origem e seu elevado grau de aceitação na sociedade criam problemas complexos. Na origem encontra-se a mais antiga organização criminosa, a dos *vor y zakone*, que remonta à Rússia czarista da última década do século XIX. [...] Os *vor v zakone* são uma organização misteriosa. Surgida nos últimos anos da era czarista, nos campos siberianos, ela pratica rituais de iniciação, tem uma estrutura piramidal rigorosa e atua como uma espécie de instância de referência para todos os bandos criminosos em solo russo. Entre os chefões dos diferentes cartéis, ela assume o fundamental papel de árbitro." (ZIEGLER, 2003, pp. 91, 97)

Z

ZACCHIAS, PAULO
1584-1659

1. Protomédico em Roma, é considerado o fundador da Psicopatologia Forense. É chamado pai da Medicina Legal por Sousa Lima. Zacchias escreveu e publicou, entre 1624 e 1650, *Questões Médico-Legais*, importante trabalho científico. Nessa obra, aponta "toda a jurisprudência cristã referente à loucura". (FOUCAULT, 2002, p. 125)

V. Medicina Legal.

ZOODROGA
V. Jogo do Bicho.

WHITE-COLLAR CRIME
V. Crime do Colarinho Branco.

WOLOMINDE
Máfia Polonesa.

WORKHOUSES
Casas de Correção que surgiram na Inglaterra com a revolução industrial.

Y

YAKUZA

1. Organização criminosa japonesa. A Yakuza possui noventa mil membros distribuídos em quase quatro mil clãs. Seus membros têm o corpo tatuado e alguns não possuem uma falange do dedo mínimo em sinal de autopunição por alguma falha cometida.

2. A expressão 'yakusa' deriva da seqüência dos números: 8, 9 e 3. "A palavra *yakuza* significa um péssimo resultado no jogo de cartas, em japonês chamado de 'hanufada' ou carta de flores. O jogo japonês previa que o pior resultado das cartas era o número vinte." (ARBEX JÚNIOR, TOGNOLLI, 2004, p. 60)

3. "A organização criminosa *Yakusa* remonta aos tempos do Japão feudal do século XVIII e se desenvolveu nas sombras do Estado para a exploração de diversas atividades ilícitas (cassinos, prostíbulos, turismo pornográfico, tráfico de mulheres, drogas e armas, lavagem de dinheiro e usura) e também legalizadas (casas noturnas, agências de teatros, cinemas e publicidade, even-

tos esportivos), com a finalidade de dar publicidade às suas iniciativas. Com o desenvolvimento industrial do Japão durante o século XX, seus membros também passaram a dedicar-se à prática das chamadas "chantagens corporativas", pela atuação dos *sokaiya* (chantagistas profissionais) que, após adquirirem ações de empresas, exigem lucros exorbitantes, sob pena de revelarem os segredos aos concorrentes". (SILVA, 2003, p. 20)

YAMAGUCHI-GUMI

1. Maior e a mais poderosa facção da Yakuza. Possui cerca de 26 mil filiados.

2. "Consta que a 'Yamaguchi-Gumi', um dos principais ramos da organização criminosa japonesa Yakuza, estaria controlando casas noturnas e clubes de jogos do bairro da Liberdade, em São Paulo. Os mafiosos japoneses também são acusados de aliciar mulheres em várias capitais do Brasil para a prostituição no Japão." (FERNANDES, N.; FERNANDES, V., 2002, p. 518)

Referências Bibliográficas

p. 11
-CARVALHO FILHO, Luís Francisco. *A Prisão*. São Paulo: Publifolha, 2002, p. 42.

p. 12
- SILVA, Eduardo Araújo da. *Crime Organizado: Procedimento Probatório*. São Paulo: Atlas, 2003, p. 86.
- ZIEGLER, Jean. *Os Senhores do Crime*. Rio de Janeiro: Record, 2003, p. 283.

p. 13
- CARVALHO FILHO, Luís Francisco. *A Prisão*. São Paulo: Publifolha, 2002, p. 37.

- DOUGLAS, John; OLSHA-KER, Mark. *Mentes Criminosas e Crimes Assustadores*. Tradução de Octávio Marcondes. Rio de Janeiro: Ediouro, 2002, p. 61.
- CASOY, Ilana. *Serial Killer – louco ou cruel?* São Paulo: Madras, 2004, p. 36.

p. 14
- SNUSTAD, D. Peter; SIMMONS, Michael J. *Fundamentos da Genética*. Tradução de Paulo Armando Motta. Rio de Janeiro: Editora Guanabara Koogan S.A., 2001, pp. 123, 130.

REFERÊNCIAS BIBLIOGRÁFICAS

p. 15
- COSTA, Álvaro Mayrink. *Criminologia*. Rio de Janeiro: Forense, 2005, p. 349.
- BARATTA, Alessandro. *Criminologia Crítica e Crítica do Direito Penal – Introdução à Sociologia do Direito Penal*. Tradução de Juarez Cirino dos Santos. Rio de Janeiro: REVAN – Instituto Carioca de Criminologia, 2002, pp. 59, 60, 63.

p. 16
- D'URSO, Luiz Flávio Borges. *Quando a Criminalidade ameaça o Estado Democrático de Direito*, Revista Jurídica Consulex, n° 215, dez. 2005, p. 22.
- ZIEGLER, Jean. *Os Senhores do Crime*. Rio de Janeiro: Record, 2003, pp. 115, 116.
- FARIA, Bento. *Código Penal Brasileiro – comentado*. Rio de Janeiro: Record, 1958, v.1, p. 31.

p. 17
- COSTA, Álvaro Mayrink da. *Criminologia*. Rio de Janeiro: Forense, 2005, p. 125.
- FERNANDES, Newton; FERNANDES, Valter. *Criminologia integrada*. São Paulo: Revista dos Tribunais, 2002, p. 89.

- PINATEL, Jean. *'La Criminologie', Sociologie D'Aujour D'Hui*. Paris: SPES, 1960 p. 27.
- HUNGRIA, Nelson. *Apud* René Ariel Dotti, *Casos Criminais Célebres*. São Paulo: Revista dos Tribunais, 2003, p. 389, nota 14.

p. 18
- SALDAÑA, Quintiliano. *Nova Criminologia*. Tradução de Alfredo Ulson e V. de Alcântara Carreira. Campinas: Russel, 2003, p. 140.
- SANTOS, José Wilson Seixas. *Síntese Expositiva de Criminologia*. São Paulo: Livraria Jurid Vellenich, 1973, p. 71.

p. 19
- SALDAÑA, Quintiliano. *Nova Criminologia*. Tradução de Alfredo Ulson e V. de Alcântara Carreira Russel. Campinas: Russel, 2003, pp. 112, 113.
- FÁVERO, Flamínio. *Medicina Legal*. São Paulo: Livraria Martins Editora, 1962. v. 1, p. 141.

p. 20
- CASTIGLIONE, Teodolindo. *Lombroso perante a Criminologia*

Contemporânea. São Paulo: Saraiva, 1962, p. 276.
-ARISTÓTELES. *A Política*. Tradução de Nestor Silveira Chaves. São Paulo, sem data.

p. 21
- D'URSO, Luiz Flávio Borges. *Arquitetura Judiciária. In*: Doutrina 5, Coordenação de James Tubenchlak. Rio de Janeiro: Instituto de Direito, 1998, pp. 126-132.
- GOMES, Luiz Flávio. *Alternativas ao Caótico Sistema Penitenciário. In* Doutrina 4, Coordenação James Tubenchlak. Rio de Janeiro: Instituto de Direito, 1997, pp. 222-224.

p. 22
- FOUCAULT, Michel. *História da Loucura*. São Paulo: Perspectiva, 2002, p. 425.
- DOUGLAS, John; OLSHAKER, Mark. *Mentes Criminosas e Crimes Assustadores*. Tradução de Octávio Marcondes. Rio de Janeiro: Ediouro, 2002, pp. 55, 79.

p. 23
- CASOY, Ilana. *Serial Killer – louco ou cruel?* São Paulo: Madras, 2004, p. 48.

- CASOY, Ilana. *In* Boletim Informativo Nufor – Núcleo de Estudos e Pesquisas em Psiquiatria Forense e Psicologia Jurídica do Instituto de Psiquiatria do Hospital das Clínicas da Faculdade de Medicina da Universidade de São Paulo. Ano 2 , nº 1.
- COSTA, Álvaro Mayrink da. *Criminologia*. Rio de Janeiro: Forense, 2005, p. 135.

p. 24
- MIR, Luís. *Guerra Civil – Estado e Trauma*. São Paulo: Geração Editorial, 2004, p. 458.

p. 25
- SANTOS, José Wilson Seixas. *Dicionário de Criminologia*. São Paulo: LEUD, 1987, p. 3.
- SOUZA, Percival de. *Narcoditadura: – o Caso Tim Lopes, crime organizado e jornalismo investigativo no Brasil*. São Paulo: Labortexto Editorial, 2002, p. 61.

p. 26
- MIR, Luís. *Guerra Civil – Estado e Trauma*. São Paulo: Geração Editorial, 2004, p. 687.
- BEVILÁQUA, Clóvis. *Criminologia e Direito*. Campinas: Red Livros, 2001, p. 17.

REFERÊNCIAS BIBLIOGRÁFICAS

- DOTTI, René Ariel. *Casos Criminais Célebres*, São Paulo: Revista dos Tribunais, 2003, p. 296.

- BECCARIA, Cesare. *Dos Delitos e das penas*. Tradução de Paulo M. Oliveira. Rio de Janeiro: Ediouro, 2001 p. 133.

p. 27

- SALDAÑA, Quintiliano. *Nova Criminologia*. Tradução de Alfredo Ulson e V. de Alcântara Carreira. Campinas: Russel, 2003, p. 203.

- SANTOS, José Wilson Seixas. *Dicionário de Criminologia*. São Paulo: LEUD, 1987, p. 14.

- NORONHA, Edgard Magalhães. *Direito Penal*. São Paulo: Saraiva, 1963. v. 1, p. 18.

- MIR, Luís. *Guerra Civil — Estado e Trauma*. São Paulo: Geração editorial, 2004, p. 459.

p. 28

- JOZINO, Josmar. *Cobras e lagartos*. Rio de Janeiro: Objetiva, 2005, p. 273.

- SOUZA, Percival de, *Narcoditadura: — o Caso Tim Lopes, crime organizado e jornalismo investigativo no Brasil*. São Paulo: Labortexto Editorial, 2002, p. 66

p. 29

- ARBEX JÚNIOR, José; TOGNOLLI, Cláudio Julio. *O Século do Crime*. São Paulo: BOITEMPO, 2004, p. 52.

p. 30

- SANTOS, José Wilson Seixas. *Dicionário de Criminologia*. São Paulo: LEUD, 1987, p. 15.

- CARVALHO FILHO, Luís Francisco. *A Prisão*. São Paulo: Publifolha, 2002, pp. 39, 41.

p. 31

- PELLEGRINI, Angiolo; COSTA JUNIOR, Paulo José da. *Criminalidade Organizada*. São Paulo: Editora Jurídica Brasileira, 1999, p. 43.

p. 32

- COSTA, Álvaro Mayrink da. *Criminologia*. Rio de Janeiro: Forense, 2005, p. 122.

p. 33

- SALDAÑA, Quintiliano. *Nova Criminologia*. Tradução de Alfredo Ulson e V. de Alcântara Carreira. Campinas: Russel, 2003, p. 82.

REFERÊNCIAS BIBLIOGRÁFICAS

- FOUCAULT, Michel. *História da Loucura*. São Paulo: Perspectiva 2002, pp. 48, 82.
- JOZINO, Josmar. *Cobras e lagartos*. Rio de Janeiro: Objetiva, 2005, p. 189.

p. 34
- SOUZA, Percival de. *Narcoditadura: – o Caso Tim Lopes, crime organizado e jornalismo investigativo no Brasil*. São Paulo: Labortexto Editorial, 2002, p. 135.
- SALDAÑA, Quintiliano. *Nova Criminologia*. Tradução de Alfredo Ulson e V. de Alcântara Carreira. Campinas: Russel, 2003, pp. 89, 91.

p. 35
- SANTOS, Juarez Cirino dos. *A Criminologia Radical*, Rio de Janeiro: Forense, 1981, pp. 9, 11.
- CALHAU, Lélio Braga. *Vítima, Justiça Criminal e Cidadania o Tratamento da Vítima como Fundamento para uma efetiva cidadania. In Vitimologia do Terceiro Milênio*. Coordenação de Elida Séguin, Rio de Janeiro: Forense, 2004, pp. 60-75.

p. 36
- MIR, Luís. *Guerra Civil – Estado e Trauma*. São Paulo: Geração Editorial, 2004, p. 503.

p. 37
- FERNANDES, Newton; FERNANDES, Valter. *Criminologia integrada*. São Paulo: Revista dos Tribunais, 2002, p. 693.
- O Estado de S. Paulo, 11.06.06, A14.

p. 38
- SANT'ANNA, Lourival. O Estado de S. Paulo, 11.06.06, caderno A, p.15.
- VIEIRA, João, *O Magistrado e a Lei Antitóxicos*. Rio de Janeiro: Forense, 2004, p.74.

p. 39
- LYRA, Roberto; ARAÚJO JÚNIOR, João Marcello de. *Criminologia*, Rio de Janeiro: Forense, 1992, p. 202.
- GOMES, Luiz Flávio; MOLINA, Antonio García Pablos de. *Criminologia*. São Paulo: Revista dos Tribunais, 2000, p. 62.
- TEIXEIRA, Napoleão L. Do papel da sugestão periodística

REFERÊNCIAS BIBLIOGRÁFICAS

na etiopatogenia do suicídio. Revista dos Tribunais, v. 315, fev. 1962, pp. 393-401.

p. 40
- SANTOS, José Wilson Seixas. *Dicionário de Criminologia*. São Paulo: LEUD, 1987, pp. 28, 66.
- FOUCAULT, Michel. *História da Loucura*. São Paulo: Perspectiva, 2002, p. 115, nota 11.
- HUGO, Victor. *O Último Dia de um Condenado*. Tradução de Sebastião Paz. São Paulo: Golden Books, 2005, p. 40.

p. 41
- PELLEGRINI, Angiolo; COSTA JUNIOR, Paulo José da. *Criminalidade Organizada*. São Paulo: Editora Jurídica Brasileira, 1999, p.15.
- SILVA, Eduardo Araújo da. *Crime Organizado: Procedimento Probatório*. São Paulo: Atlas, 2003, p. 21.

p. 42
- SOUZA, Percival de. *Narcoditadura: – o Caso Tim Lopes, crime organizado e jornalismo investigativo no Brasil*. São Paulo: Labortexto Editorial, 2002, p. 49.

- FELICIANO, Guilherme Guimarães. *Informática e Criminalidade*: primeiras linhas, Ribeirão Preto-SP, Nacional de Direito Livraria Editora: 2001, p. 33.

p. 43
- COSTA, Álvaro Mayrink da. *Criminologia*. Rio de Janeiro: Forense, 2005, p. 121.
- GOMES, Luiz Flávio; MOLINA, Antonio García Pablos de. *Criminologia*. São Paulo: Revista dos Tribunais, 2000, p. 63.

p. 44
- SANTOS, José Wilson Seixas. *Síntese Expositiva de Criminologia*. São Paulo, Livraria Jurid Vellenich Ltda., 1973, p. 83.
- BEVILÁQUA, Clóvis. *Criminologia e Direito*. Campinas: Red Livros, 2001, p. 51.
- SANTOS, José Wilson Seixas. *Lei Antitóxicos Comentada*. Leme: LED, 1994, p. 59.

p. 45
- BEVILÁQUA, Clóvis. *Criminologia e Direito*. Campinas: Red Livros, 2001, p. 45.
- PEIXOTO, Paulo Matos. *Vocabulário Jurídico*. São Paulo: Paumape, 1993, p. 309.

REFERÊNCIAS BIBLIOGRÁFICAS

- FÁVERO, Flamínio. *Medicina Legal*. São Paulo: Livraria Martins Editora, 1962. v. 1, p. 385.
- FERNANDES, Newton; FERNANDES, Valter. *Criminologia integrada*. São Paulo: Revista dos Tribunais, 2002, p. 104.

p. 46
- COSTA, Álvaro Mayrink da. *Exame Criminológico*, Rio de Janeiro. Editora Jurídica e Universitária Ltda., 1972, p. 35.
- GOMES, Luiz Flávio; CERVINI, Raúl. *Crime Organizado: – enfoques criminológico, jurídico (Lei 9.034/95) e político criminal*. São Paulo: Revista dos Tribunais, 1995, p. 60.
- MAIA, Carlos Rodolfo Tigre. *Lavagem de Dinheiro – lavagem de ativos provenientes de crime – Anotação às disposições criminais da Lei 9.613/98*. São Paulo: Malheiros Editores, 2004, p. 13.

p. 47
- FERNANDES, Newton; FERNANDES, Valter. *Criminologia integrada*. São Paulo: Revista dos Tribunais, 2002, p. 506.

p. 48
- SANTOS, José Wilson Seixas, *Dicionário de Criminologia*. São Paulo: LEUD, 1987, p. 31.
- LYRA, Roberto; ARAÚJO JÚNIOR, João Marcello de. *Criminologia*. Rio de Janeiro: Forense, 1992, p. 41.
- PEIXOTO, Afrânio. *Criminologia*. São Paulo: Saraiva, 1953, p. 86.
- BEVILÁQUA, Clóvis. *Criminologia e Direito*. Campinas: Red Livros, 2001, p. 15.

p. 49
- ANDRIEU, Louis Assier. *O Direito nas Sociedades Humanas*. Tradução de Maria Ermantina Galvão. São Paulo: Martins Fontes, 2000, p. 301.
- LIMA, Alberto Jorge Correia de Barros Lima. *Aspectos da pena na Teoria Geral do Direito*. Coordenação de James Tubenchlak. *In*: Doutrina 4, Rio de Janeiro: Instituto de Direito, 1997, pp. 36-60.
- SANTOS, José Wilson Seixas, *Dicionário de Criminologia*. São Paulo: LEUD, 1987, p. 30.
- REIS, Maria Helena Junqueira, Computer Crimes A

REFERÊNCIAS BIBLIOGRÁFICAS

Criminalidade na Era dos Computadores. Belo Horizonte: Del Rey, 1997, p. 25.
- FELICIANO, Guilherme Guimarães. *Informática e Criminalidade*: primeiras linhas, Ribeirão Preto-SP, Nacional de Direito Livraria Editora: 2001, p. 34.

p. 50
- ROCHA, Fernando N. Galvão da. *Criminalidade do Computador*. Revista dos Tribunais, n°. 718, ag. 1995, pp. 523-535.
- LYRA, Roberto; ARAÚJO JÚNIOR, João Marcello de. *Criminologia*, Rio de Janeiro: Forense, 1992, p. 23.

p. 51
- FELICIANO, Guilherme Guimarães. *Informática e Criminalidade: primeiras linhas*. Ribeirão Preto: Nacional de Direito Livraria Editora, 2001, pp. 31, 34.
- ZIEGLER, Jean. *Os Senhores do Crime*. Rio de Janeiro: Record, 2003, pp. 174, 176, 183.

p. 52
- MAIA, Rodolfo Tigre Maia. *O Estado Desorganizado contra*

o Crime Organizado – Anotações à Lei Federal n° 9.034/95 (Organizações Criminosas), Rio de Janeiro: Lumen Juris: 1997, p. 4.
- MINGARDI, Guaracy *apud* GOMES, Luiz Flávio. CERVINI, Raúl. *Crime Organizado: Enfoques criminológico, jurídico (Lei 9.034/95) e político-criminal*. São Paulo: Revista dos Tribunais, 1995, p. 57.

p. 53
- ZIEGLER, Jean. *Os Senhores do Crime*. Rio de Janeiro: Record, 2003, pp. 312, 313.
- MAIA, Rodolfo Tigre. *O Estado Desorganizado contra o Crime Organizado – Anotações à Lei Federal n° 9.034/95 (Organizações Criminosas)*. Rio de Janeiro: Lumen Juris, 1997, p. xii.

p. 54
- PELLEGRINI, Angiolo; COSTA JUNIOR, Paulo José da. *Criminalidade Organizada*. São Paulo: Editora Jurídica Brasileira, 1999, p. 63.

p. 55
- GOMES, Luiz Flávio. CERVINI, Raúl. *Crime Organizado: Enfoques criminológico,*

REFERÊNCIAS BIBLIOGRÁFICAS

jurídico (Lei 9.034/95) e político-criminal. São Paulo: Revista dos Tribunais, 1995, p. 58.

p. 56
- ZIEGLER, Jean. *Os Senhores do Crime*. Rio de Janeiro: Record, 2003, p. 55.
- PICCA, Georges. *Crime Organizado Transnacional*. Revista Jurídica Consulex, n. 158, ag. 2003, pp. 12-15.
- SANTOS, José Wilson Seixas. *Dicionário de Criminologia*. São Paulo: LEUD, 1987, p. 34.
- QUEIROZ, Carlos Alberto Marchi de. *Polícia e Criminologia*. Revista dos Tribunais, v. 698, dez. 1993, pp. 459-463.

p. 57
- COSTA, Álvaro Mayrink da. *Criminologia*. Rio de Janeiro: Forense, 2005, pp. 162, 471.
- SANTOS, José Wilson Seixas. *Dicionário de Criminologia*. São Paulo: LEUD, 1987, p. 35.
- SALDAÑA, Quintiliano. *Nova Criminologia*. Tradução de Alfredo Ulson e V. de Alcântara Carreira. Campinas: Russel, 2003, p. 155.
- FERNANDES, Newton; FERNANDES, Valter. *Criminologia integrada*. São Paulo:

Revista dos Tribunais, 2002, p. 753.
- PINATEL, Jean. *'La Criminologie', Sociologie D'Aujour D'Hui*. Paris: SPES, 1960, p. 65.

p. 58
- SANTOS, José Wilson Seixas. *Dicionário de Criminologia*. São Paulo: LEUD, 1987, p. 36.
- PIMENTEL, Manuel Pedro. *Apud* PASSOS, Paulo Roberto da Silva. *Elementos de Criminologia e Política Criminal*, São Paulo: EDIPRO, 1994, p. 51.
- SALDAÑA, Quintiliano. *Nova Criminologia*. Tradução de Alfredo Ulson e V. de Alcântara Carreira. Campinas: Russel, 2003, p. 155.
- PEIXOTO, Afrânio. *Criminologia*. São Paulo: Saraiva, 1953, p. 12.
- FERNANDES, Newton; FERNANDES, Valter. *Criminologia integrada*. São Paulo: Revista dos Tribunais, 2002, p. 27.

p. 59
- GOMES, Luiz Flávio; MOLINA, Antonio García Pablos de. *Criminologia*. São Paulo: Revista dos Tribunais, 2000, p. 37.

REFERÊNCIAS BIBLIOGRÁFICAS

- COSTA, Álvaro Mayrink da. *Criminologia*. Rio de Janeiro: Forense, 2005, p. 197.

p. 60
- LYRA, Roberto; ARAÚJO JÚNIOR, João Marcello de. *Criminologia*. Rio de Janeiro: Forense, 1992, p. 18.
- COSTA, Álvaro Mayrink da. *Criminologia*. Rio de Janeiro: Forense, 2005, p. 118.
- FERNANDES, Newton; FERNANDES, Valter. *Criminologia integrada*. São Paulo: Revista dos Tribunais, 2002, p. 39.
- QUEIROZ, Carlos Alberto Marchi de. *Polícia e Criminologia*. Revista dos Tribunais, v. 698, dez. 1993, pp. 459-463.

p. 61
- GOMES, Luiz Flávio; MOLINA, Antonio García Pablos de. *Criminologia*. São Paulo: Revista dos Tribunais, 2000, p. 141.
- FERNANDES, Newton; FERNANDES, Valter. *Criminologia integrada*. São Paulo: Revista dos Tribunais, 2002, p. 559.

p. 62
- FERNANDES, Newton; FERNANDES, Valter. *Criminologia integrada*. São Paulo: Revista dos Tribunais, 2002, p. 36.
- LYRA, Roberto; ARAÚJO JÚNIOR, João Marcello de. *Criminologia*. Rio de Janeiro, 1992, p. 18.

p. 63
- GOMES, Luiz Flávio; MOLINA, Antonio García Pablos de. *Criminologia*. São Paulo: Revista dos Tribunais, 2000, p. 141.
- SANTOS, Juarez Cirino dos. *A Criminologia Radical*. Rio de Janeiro: Forense, 1981, p. 2.

p. 64
- LYRA, Roberto; ARAÚJO JÚNIOR, João Marcello de. *Criminologia*. Rio de Janeiro, 1992, p. 204.
- GOMES, Luiz Flávio; MOLINA, Antonio García Pablos de. *Criminologia*. São Paulo: Revista dos Tribunais, 2002, p. 139.
- PEIXOTO, Afrânio. *Criminologia*. São Paulo: Saraiva, 1953, p. 21.

REFERÊNCIAS BIBLIOGRÁFICAS

p. 65
- SANTOS, José Wilson Seixas. *Dicionário de Criminologia*. São Paulo: LEUD, 1987, p. 38.
- SALDAÑA, Quintiliano. *Nova Criminologia*. Tradução de Alfredo Ulson e V. de Alcântara Carreira. Campinas: Russel, 2003, p. 225.

p. 66
- PEIXOTO, Afrânio. *Criminologia*. São Paulo: Saraiva, 1953, p. 87.
- DOURADO, Luiz Ângelo. *O Serviço de Biopsicologia no Sistema Penitenciário*: Revista Brasileira de Criminologia e Direito Penal, n° 8, jan.- mar. 1965, pp. 113-118.
- SALDAÑA, Quintiliano. *Nova Criminologia*. Tradução de Alfredo Ulson e V. de Alcântara Carreira. Campinas: Russel, 2003, p. 169.

p. 67
- FERNANDES, Newton; FERNANDES, Valter. *Criminologia integrada*. São Paulo: Revista dos Tribunais, 2002, pp. 88, 442.

p. 68
- DOURADO, Luiz Ângelo. *O Serviço de Biopsicologia no Sis-*

tema Penitenciário: Revista Brasileira de Criminologia e Direito Penal, n° 8, jan.- mar. 1965, pp. 113-118.
- SALDAÑA, Quintiliano. *Nova Criminologia*. Tradução de Alfredo Ulson e V. de Alcântara Carreira. Campinas: Russel, 2003, p. 226.
- PEIXOTO, Afrânio. *Criminologia*. São Paulo: Saraiva, 1953, p. 90.

p. 69
- GOMES, Luiz Flávio; MOLINA, Antonio García Pablos de. *Criminologia*. São Paulo: Revista dos Tribunais, 2000, p. 164.

p. 70
- LYRA, Roberto; ARAÚJO JÚNIOR, João Marcello de. *Criminologia*. Rio de Janeiro, 1992, p. 94.

p. 71
- FERNANDES, Newton; FERNANDES, Valter. *Criminologia integrada*. São Paulo: Revista dos Tribunais, 2002, p. 79.

p. 72
- GOMES, Luiz Flávio; MOLINA, Antonio García

REFERÊNCIAS BIBLIOGRÁFICAS

Pablos de. *Criminologia*. São Paulo: Revista dos Tribunais, 2000, p. 168.
- FÁVERO, Flamínio. *Medicina Legal*. São Paulo: Livraria Martins Editora, 1962. v. 1, p. 142 .

p. 73
- SALDAÑA, Quintiliano. *Nova Criminologia*. Tradução de Alfredo Ulson e V. de Alcântara Carreira. Campinas: Russel, 2003, p. 114.

p. 74
- COSTA, Álvaro Mayrink da. *Exame Criminológico*, Rio de Janeiro: Editora Jurídica e Universitária Ltda., 1972, p. 67.
- LYRA, Roberto; ARAÚJO JÚNIOR, João Marcello de. *Criminologia*. Rio de Janeiro, 1992, p. 153.
- QUEIROZ, Carlos Alberto Marchi de. *Polícia e Criminologia*. São Paulo: Revista dos Tribunais, v. 698, dez. 1993, pp. 459-463.
- GOMES, Luiz Flávio; MOLINA, Antonio García Pablos de. *Criminologia*. São Paulo: Revista dos Tribunais, 2000, p. 194.

p. 75
- SALDAÑA, Quintiliano. *Nova Criminologia*. Tradução de Alfredo Ulson e V. de Alcântara Carreira. Campinas: Russel, 2003, p. 141.
- FOUCAULT, Michel. *História da Loucura*. São Paulo: Perspectiva, 2002, p. 372.
- GARCIA, J. Alves. *Compêndio de Psiquiatria* (psicopatologia geral e especial). Rio de Janeiro: Livraria Atheneu S.A., 1954, p. 5.

p. 77
- GOMES, Luiz Flávio; CERVINI, Raúl. *Crime Organizado: Enfoques criminológico, jurídico (Lei 9.034/95) e político-criminal*. São Paulo: Revista dos Tribunais, 1995, p.132.
- SANTOS, José Wilson Seixas. *Lei Antitóxicos comentada*. Leme: LED, 1994, p. 16.

p. 78
- COSTA, Álvaro Mayrink da. *Criminologia*. Rio de Janeiro: Forense, 2005, p. 140.

p. 79
- FERNANDES, Newton; FERNANDES, Valter. *Crimi-*

REFERÊNCIAS BIBLIOGRÁFICAS

nologia integrada. São Paulo: Revista dos Tribunais, 2002, p. 64.

- BECCARIA, Cesare. *Dos Delitos e das penas*. Tradução de Paulo M. Oliveira. Rio de Janeiro: Ediouro, 2001, p. 73.

- FREITAS, Augusto Teixeira de. *Vocabulário Jurídico*. Coordenação de Alcides Tomasetti Junior, São Paulo: Saraiva, 1983, t. I, p.40.

p. 80
- COSTA Álvaro Mayrink da. *Exame Criminológico*. Rio de Janeiro: Editora Jurídica e Universitária Ltda., 1972, p. 152.

- SANTOS, José Wilson Seixas. *Dicionário de Criminologia*. São Paulo: LEUD, 1987, p. 46.

p. 81
- FERNANDES, Newton; FERNANDES, Valter. *Criminologia integrada*. São Paulo: Revista dos Tribunais, 2002, p. 658.

p. 82
- BONALUME Neto, Ricardo. *Vida Interior*. Folha de São Paulo, 07.04.1996.

- SNUSTAD, D. Peter; SIMMONS, Michael J. *Fundamentos da Genética*. Tradução de Paulo Armando Motta. Rio de Janeiro: Editora Guanabara Koogan S.A., 2001, p. 4.

- SANTOS, José Wilson Seixas. *Dicionário de Criminologia*. São Paulo: LEUD, 1987, p. 51.

p. 83
- SANTOS, José Wilson Seixas. *Dicionário de Criminologia*. São Paulo: LEUD, 1987, p. 52.

p. 84
- DURKHEIM, Émile. *As Regras do Método Sociológico*. Tradução de Pietro Nassetti. São Paulo: Martin Claret, 2002, pp. 82-90.

p. 85
- QUEIROZ, Carlos Alberto Marchi de. *Polícia e Criminologia*. São Paulo: Revista dos Tribunais, v. 698, dez. 1993, pp. 459-463.

- COSTA, Álvaro Mayrink da. *Criminologia*. Rio de Janeiro: Forense, 2005, p. 379.

p. 86
- GOMES, Luiz Flávio; MOLINA, Antonio García Pablos

REFERÊNCIAS BIBLIOGRÁFICAS

de. *Criminologia*. São Paulo: Revista dos Tribunais, 2000, p. 173.

p. 87
- PELLEGRINI, Angiolo; COSTA JUNIOR, Paulo José da. *Criminalidade Organizada*. São Paulo: Editora Jurídica Brasileira, 1999, p. 57.
- PEIXOTO, Afrânio. *Criminologia*. São Paulo: Saraiva, 1953, p. 59.

p. 88
- SALDAÑA, Quintiliano. *Nova Criminologia*. Tradução de Alfredo Ulson e V. de Alcântara Carreira. Campinas: Russel, 2003, p.183.

p. 89
- FERNANDES, Newton; FERNANDES, Valter. *Criminologia integrada*. São Paulo: Revista dos Tribunais, 2002, p. 655.
- GOMES, Luiz Flávio; MOLINA, Antonio García Pablos de. *Criminologia*. São Paulo: Revista dos Tribunais, 2000, p. 170.

p. 90
- GOMES, Luiz Flávio; MOLINA, Antonio García Pablos de.

Criminologia. São Paulo: Revista dos Tribunais, 2000, p. 150.

p. 91
- BARATTA, Alessandro. *Criminologia Crítica e Crítica do Direito Penal*: Introdução à Sociologia do Direito Penal. Tradução de Juarez Cirino dos Santos. Rio de Janeiro: Editora Revan, 2002, p. 32.

p. 92
- GOMES, Luiz Flávio; MOLINA, Antonio García Pablos de. *Criminologia*. São Paulo: Revista dos Tribunais, 2000, p. 190, nota 56.

p. 93
- PEIXOTO, Afrânio. *Criminologia*. São Paulo: Saraiva, 1953, p. 48.
- COSTA, Álvaro Mayrink da. *Criminologia*. Rio de Janeiro: Forense, 2005, p. 151.

p. 94
- PEIXOTO, Afrânio. *Criminologia*, São Paulo: Saraiva, 1953, p. 32.
- FERNANDES, Newton; FERNANDES, Valter. *Criminologia integrada*. São Paulo:

REFERÊNCIAS BIBLIOGRÁFICAS

Revista dos Tribunais, 2002, p. 655.
- GOMES, Luiz Flávio; MOLINA, Antonio García Pablos de. *Criminologia*. São Paulo: Revista dos Tribunais, 2000, p. 166.

p. 95
- GOMES, Luiz Flávio; MOLINA, Antonio García Pablos de. *Criminologia*. São Paulo: Revista dos Tribunais, 2000, p. 169.
- DOUGLAS, John; OLSHAKER, Mark. *Mentes Criminosas e Crimes Assustadores*. Tradução de Octavio Marcondes. Rio de Janeiro: Ediouro, 2002, p. 61.

p. 96
- PADILLA, Ivan. *Massacre*. Revista Época, n° 304, mar. 2004, pp. 74-78.
- PEIXOTO, Afrânio. *Criminologia*, São Paulo: Saraiva, 1953, p. 11.
- SALDAÑA, Quintiliano. *Nova Criminologia*. Tradução de Alfredo Ulson e V. de Alcântara Carreira. Campinas: Russel, 2003, p. 155.

p. 97
- FERNANDES, Newton; FERNANDES, Valter. *Criminologia integrada*. São Paulo: Revista dos Tribunais, 2002, p. 246.

p. 98
- DEMO, Roberto Luis Luchi. *A Extradição no STF*. Revista Jurídica Consulex, n° 222, abr. 2006, p. 39.
- COSTA, Álvaro Mayrink da. *Criminologia*. Rio de Janeiro: Forense, 2005, p.129.

p. 100
- O Estado de S. Paulo, 11.06.06, A14.
- FREITAS, Augusto Teixeira de. *Vocabulário Jurídico*. Coordenação de Alcides Tomasetti Junior. São Paulo: Saraiva, 1983, p. 80.

p. 101
- GOMES, Luiz Flávio; MOLINA, Antonio García Pablos de. *Criminologia*. São Paulo: Revista dos Tribunais, 2000, p. 181.
- SANTOS, José Wilson Seixas. *Dicionário de Criminologia*. São Paulo: LEUD, 1987 p. 7.

p. 102
- LYRA, Roberto; ARAÚJO JÚNIOR, João Marcello de.

REFERÊNCIAS BIBLIOGRÁFICAS

Criminologia. Rio de Janeiro, 1992, p. 42.
- FERNANDES, Newton; FERNANDES, Valter. *Criminologia integrada.* São Paulo: Revista dos Tribunais, 2002, pp. 64, 75.

p. 103
- HUGO, Victor. *Os Miseráveis.* Tradução de Frederico Ozanam Pessoa de Barros, São Paulo, Cozac & Naify, 2002, p.170.
- FÁVERO, Flamínio. *Medicina Legal.* São Paulo: Livraria Martins Editora, 1962, v.1, p. 140.
- SOUZA, Percival. *Narcoditadura: O caso Tim Lopes, crime organizado e jornalismo investigativo no Brasil.* São Paulo: Labortexto Editorial, 2002, p. 67.

p. 104
- SANTOS, José, Wilson Seixas. *Dicionário de Criminologia.* São Paulo: LEUD, 1987, p.17.
- COSTA, Álvaro Mayrink da. *Criminologia.* Rio de Janeiro: Forense, 2005, p. 132.

p. 105
- SALDAÑA, Quintiliano. *Nova Criminologia.* Tradução de Alfredo Ulson e V. de Alcântara Carreira. Campinas: Russel, 2003, pp.164, 210.
- VIEIRA, João. *O Magistrado e a Lei Antitóxicos.* Rio de Janeiro: Forense, 2004, p. 48.

p. 107
- GOMES, Luiz Flávio; MOLINA, Antonio García Pablos de. *Criminologia.* São Paulo: Revista dos Tribunais, 2000, p.164.
- FERNANDES, Newton; FERNANDES, Valter. *Criminologia integrada.* São Paulo: Revista dos Tribunais, 2002, p. 74.
- SOUZA, Percival. *Narcoditadura: O caso Tim Lopes, crime organizado e jornalismo investigativo no Brasil.* São Paulo: Labortexto Editorial 2002, p. 120.

p. 108
- FERNANDES, Newton; FERNANDES, Valter. *Criminologia integrada.* São Paulo: Revista dos Tribunais, 2002, p. 97.

REFERÊNCIAS BIBLIOGRÁFICAS

p. 109
- SOUZA, Paulo. Paulo Vinicius Sporleder de. *A Criminalidade Genética*. São Paulo: Revista dos Tribunais, 2001, p. 112.

p. 110
- SNUSTAD, D. Peter; SIMMONS, Michael J. *Fundamentos da Genética*. Tradução de Paulo Armando Motta. Rio de Janeiro: Editora Guanabara Koogan S.A., 2001, p. 6.
- SANTOS, José Wilson Seixas. *Dicionário de Criminologia*. São Paulo: LEUD, 1987, pp. 10,73.
- DOUGLAS, John; OLSHA-KER, Mark. *Mentes Criminosas e Crimes Assustadores*, Tradução Octavio Marcondes. Rio de Janeiro: Ediouro, 2002, p. 21.
- PEIXOTO, Paulo Matos. *Vocabulário Jurídico*. São Paulo: Paumape, 1993, p. 138.
- SALDAÑA, Quintiliano. *Nova Criminologia*. Tradução de Alfredo Ulson e V. de Alcântara Carreira. Campinas: Russel, 2003, p.103.

p. 113
- VIEIRA, João. *O Magistrado e a Lei Antitóxicos*, Rio de Janeiro: Forense, 2004, p. 68.

- JESUS, Damásio E. de. *O "Movimento de Lei e de Ordem" invade o Direito Penal*. Revista Literária de Direito, n° 11, mai.-jun. 1996, pp. 37-39
- DOUGLAS, John; OLSHA-KER, Mark. *Mentes Criminosas e Crimes Assustadores*. Tradução de Octavio Marcondes. Rio de Janeiro: Ediouro, 2002, p. 19.

p. 114
- SANTOS, José Wilson Seixas. *Léxico Médico-Legal*. Campinas: Julex, 1987b, p. 92.
- PIMENTEL, Manoel Pedro. *Ensaio sobre a pena*. Revista dos Tribunais, v. 733, nov. 1996, pp. 765- 770.

p. 115
- GOMES, Luiz Flávio; MOLINA, Antonio García Pablos de. *Criminologia*. São Paulo: Revista dos Tribunais, 2000, p. 162.

p. 116
- SALDAÑA, Quintiliano. *Nova Criminologia*. Tradução de Alfredo Ulson e V. de Alcântara Carreira. Campinas: Russel, 2003, p.115.

REFERÊNCIAS BIBLIOGRÁFICAS

p. 117
- CAPEZ, Fernando. *Curso de Direito Penal. Legislação especial*. São Paulo: Saraiva, 2006, p. 255.

p. 118
- COSTA, Álvaro Mayrink da. *Criminologia*. Rio de Janeiro: Forense, 2005, p. 127.

p. 119
- CAPEZ, Fernando. *Curso de Direito Penal. Legislação especial*. São Paulo: Saraiva, 2006, p. 234.

p. 120
- ARBEX JUNIOR, José; TOGNOLLI, Claudio Julio. *O Século do Crime*. São Paulo: Boitempo, 2004, p. 69.
- JOZINO, Josmar. *Cobras e lagartos*, Rio de Janeiro: Objetiva, 2005, p. 244.

p. 121
- JOZINO, Josmar. *Cobras e lagartos*. Rio de Janeiro: Objetiva, 2005, p. 273.
- VIEIRA, João. *O Magistrado e a Lei Antitóxicos*, Rio de Janeiro: Forense, 2004, p. 79.

p. 123
- RIOS, Rodrigo S. *O Estatuto Epistemológico da Criminologia no âmbito da ciência penal*. São Paulo: Revista dos Tribunais, v. 699, jan. 1994, pp. 431-433.

p. 125
- MAIA, Carlos Rodolfo Fonseca Tigre. *Lavagem de Dinheiro (lavagem de ativos provenientes de crime) – anotações às disposições criminais da Lei n. 9613/98*. São Paulo: Malheiros Editores, 1999, p. 53.
- ARBEX JÚNIOR, José; TOGNOLLI, Claudio Julio. *O Século do Crime*. São Paulo: Boitempo, 2004, p. XV.
- PITOMBO, Antonio Sérgio A. de Moraes. *Lavagem de dinheiro – A tipicidade do crime antecedente*. São Paulo: Revista dos Tribunais, 2003, p. 33.
- GOMES, Luiz Flávio; MOLINA, Antonio García Pablos de. *Criminologia*. São Paulo: Revista dos Tribunais, 2000, p. 163.

p.126
- BEVILÁQUA, Clóvis. *Criminologia e Direito*. Campinas: Red Livros, 2001, p. 193.

REFERÊNCIAS BIBLIOGRÁFICAS

p.127
- MONTESQUIEU, *O Espírito das Leis*. Tradução de Cristina Murachco, São Paulo: Martins Fontes, 2000, pp. 551-553.

p. 128
- COSTA, Álvaro Mayrink da. *Criminologia*. Rio de Janeiro: Forense, 2005, p. 41
- SALDAÑA, Quintiliano. *Nova Criminologia*. Tradução de Alfredo Ulson e V. de Alcântara Carreira. Campinas: Russel, 2003, pp. 89-90.

p. 129
- FERNANDES, Newton; FERNANDES, Valter. *Criminologia integrada*. São Paulo: Revista dos Tribunais, 2002, p. 42.

p. 130
- GOMES, Luiz Flávio; MOLINA, Antonio García Pablos de. *Criminologia*. São Paulo: Revista dos Tribunais, 2000, p. 178, nota 10.
- FOUCAULT, *Os Anormais*. Tradução de Eduardo Brandão. São Paulo: Martins Fontes, 2002, pp. 125, 130.

p. 131
- SANTOS, José Wilson Seixas. *Léxico Médico-Legal*. Campinas: Julex, 1987 b, p.122.
- GOMES, Luiz Flávio; MOLINA, Antonio García Pablos de. *Criminologia*. São Paulo: Revista dos Tribunais, 2000, p. 180.
- ZACHARIAS Manif; ZACHARIAS Elias. *Dicionário de Medicina Legal*. Curitiba: IBRASA, Ed. Universitária Champanhat, 1991, p. 393.

p. 132
- FERNANDES, Newton; FERNANDES, Valter. *Criminologia integrada*. São Paulo: Revista dos Tribunais, 2002, p. 702.
- VIEIRA, João. *O Magistrado e a Lei Antitóxicos*. Rio de Janeiro: Forense, 2004, p. 49.
- COSTA, Álvaro Mayrink da. *Criminologia*. Rio de Janeiro: Forense 2005, p. 135.

p. 133
- MAIEROVITCH, Wálter Fanganiello. *A Nova Explosão da Maconha*. Revista Jurídica Consulex, nº 226, jun. 2006, p. 66.

REFERÊNCIAS BIBLIOGRÁFICAS

p. 134

- ZIEGLER, Jean. *Os Senhores do Crime*. Tradução de Clóvis Marques. Rio de Janeiro: Record, 2003, p. 56.
- MAIA, Carlos Rodolfo Fonseca. *O Estado Desorganizado contra Crime Organizado. Anotações à Lei Federal nº 9.034/95 (Organizações Criminosas)*. Rio de Janeiro: Lumen Juris,1997, p. 6.
- FERNANDES, Newton; FERNANDES, Valter. *Criminologia integrada*. São Paulo: Revista dos Tribunais, 2002, p. 517.
- PELLEGRINI, Angiolo, COSTA JÚNIOR, Paulo José da. *Criminalidade Organizada*, São Paulo: Jurídica Brasileira, 1999, p.74.

p. 135

- ZIEGLER, Jean. *Os Senhores do Crime*. Tradução de Clóvis Marques. Rio de Janeiro: Record, 2003, p. 59.

p. 136

- ARBEX JUNIOR, José; TOGNOLLI, Claudio Julio. *O Século do Crime*. São Paulo: Boitempo, 2004, p. 34.

- ZIEGLER, Jean. *Os Senhores do Crime*. Tradução de Clóvis Marques, Rio de Janeiro: Record, 2003, p. 60.
- SOUZA, Percival. *Narcoditadura: O caso Tim Lopes, crime organizado e jornalismo investigativo no Brasil*. São Paulo: Labortexto Editorial, 2002, p. 87.

p. 137

- COSTA, Álvaro Mayrink da. *Criminologia*. Rio de Janeiro: Forense 2005, p. 159.
- FÁVERO, Flamínio. *Medicina Legal*. São Paulo: Livraria Martins Editora, 1962, p. 139.
- SALDAÑA, Quintiliano. *Nova Criminologia*. Tradução de Alfredo Ulson e V. de Alcântara Carreira. Campinas: Russel, 2003, p. 88.

p. 138

- FOUCAULT, Michel. *Os Anormais*, tradução Eduardo Brandão. São Paulo: Martins Fontes, 2002, pp. 64, 445.
- SANTOS, José Wilson Seixas. *Dicionário Analítico de Processo Penal*. Ribeirão Preto: Cori – Arte, 1992, p.145.

REFERÊNCIAS BIBLIOGRÁFICAS

- HUGO, Victor. *O Último Dia de um Condenado*. Tradução de Sebastião Paz. São Paulo: Golden Books, 2005, p.71

p. 139
- JOZINO, Josmar. *Cobras e lagartos*. Rio de Janeiro: Objetiva, 2005, p. 109.
- COSTA, Álvaro Mayrink da. *Criminologia*. Rio de Janeiro: Forense 2005, p. 136.

p. 141
- COSTA, Álvaro Mayrink da. *Exame Criminológico*. Rio de Janeiro: Editora Jurídica e Universitária Ltda.,1972, p. 208.
- MIR, Luís. *Guerra Civil – Estado e Trauma*. São Paulo: Geração Editorial, 2004, p. 462.
- MONTESQUIEU, *O Espírito das Leis*. Tradução de Cristina Murachco. São Paulo: Martins Fontes, 2000, pp.100-101.

p. 142
- SALDAÑA, Quintiliano. *Nova Criminologia*. Tradução de Alfredo Ulson e V. de Alcântara Carreira. Campinas: Russel, 2003, p. 159.

p. 143
- MORUS, Thomás. *A Utopia*. Tradução de Pietro Nassetti. São Paulo: Martin Claret, 2002, p. 27.
- MAIA, Carlos Rodolfo Fonseca. *O Estado Desorganizado contra Crime Organizado. Anotações à Lei Federal nº 9.034/95 (Organizações Criminosas)*. Rio de Janeiro: Lumen Juris,1997, p. 29.

p. 144
- ARBEX JÚNIOR, José; TOGNOLLI, Claudio Julio. *O Século do Crime*. São Paulo: Boitempo, 2004, p. 43.

p. 146
- ZIEGLER, Jean. *Os Senhores do Crime*. Tradução de Clóvis Marques. Rio de Janeiro: Record, 2003, p. 80.
- LYRA, Roberto; ARAÚJO JÚNIOR, João Marcello de. *Criminologia*. Rio de Janeiro: 1992, p. 97.

p. 147
- FÁVERO, Flamínio. *Medicina Legal*. São Paulo: Livraria Martins Editora, 1962, p. 20.

p. 148
- ALVES, Léo da Silva. *Alcoolismo e violência*. Revista Jurídica

REFERÊNCIAS BIBLIOGRÁFICAS

Consulex, n° 212, nov. 2005, pp. 39-41.

p. 149
- ZACHARIAS, Manif; ZACHARIAS Elias. *Dicionário de Medicina Legal*, Curitiba: IBRASA, Ed. Universitária Champanhat, 1991, p. 349.
- ZIEGLER, Jean. *Os Senhores do Crime*. Tradução de Clóvis Marques. Rio de Janeiro: Record, 2003, p.186.

p. 150
- MAIA, Carlos Rodolfo Fonseca Tigre. *O Estado Desorganizado contra Crime Organizado. Anotações à Lei Federal nº 9.034/95 (Organizações Criminosas)*. Rio de Janeiro: Lumen Juris,1997, p. 7.
- ZIEGLER, Jean. *Os Senhores do Crime*. Tradução de Clóvis Marques. Rio de Janeiro: Record, 2003, pp. 291, 302.
- SOUZA, Percival. *Narcoditadura: O caso Tim Lopes, crime organizado e jornalismo investigativo no Brasil*. São Paulo: Labortexto Editorial, 2002, pp. 194, 217, 253.

p. 151
- PEIXOTO, Paulo Matos. *Vocabulário Jurídico*. São Paulo: Paumape, 1993, p. 210.

p. 152
- ARBEX JÚNIOR, José; TOGNOLLI, Claudio Julio. *O Século do Crime*. São Paulo: Boitempo, 2004, p. XIV.

p.153
- COSTA, Álvaro Mayrink da. *Criminologia*. Rio de Janeiro: Forense 2005, p. 37.

p. 154
- ZIEGLER, *A Suíça, o ouro e os mortos*. Tradução de Ana Barradas, Rio de Janeiro: Record, 1999. p. 307.
- FELICIANO, Guilherme Guimarães. *Informática e Criminalidade*: primeiras linhas, Ribeirão Preto: Nacional de Direito Livraria Editora, 2001, p. 84.

p. 155
- ZAKAREWICZ, Luiz Fernando. Revista Jurídica Consulex, n° 225, mai. 2006, p. 4.
- TALLI, Renato Laércio. *À sombra do Medo: degeneração huma-*

REFERÊNCIAS BIBLIOGRÁFICAS

na. São Paulo: Juarez de Oliveira, 2001, p. 283.

p. 156
- BEVILÁQUA, Clóvis. *Criminologia e Direito*. Campinas. Red Livros, 2001, p. 108.
- PIMENTEL, Manoel Pedro. *Ensaio sobre a pena*. São Paulo: Revista dos Tribunais, v. 733, nov. 1996, pp. 765-770.

p. 158
- CARVALHO FILHO, Luís Francisco. *A Prisão*. São Paulo: Publifolha, 2002, p.38.

p. 159
- HUGO, *O Último Dia de um Condenado*. Tradução de Sebastião Paz. São Paulo: Golden Books, 2005, p. 46.
- BOBBIO, Norberto. *A Era dos Direitos*. Tradução de Carlos Nelson Coutinho. Rio de Janeiro: Campus, 1992, p. 180.

p. 161
- CARVALHO FILHO, Luís Francisco. *A Prisão*. São Paulo: Publifolha, 2002, p.22

p. 162
- SANTOS, José Wilson Seixas. *Léxico Médico-Legal*. Campinas: Julex, 1987b, p. 169.

- JESUS, Damásio E. de. *O "Movimento de Lei e de Ordem" invade o Direito Penal*. Revista Literária de Direito, n° 11, mai.-jun. 1996, pp. 37-39.

p. 163
- TALLI, Renato Laércio. *À sombra do Medo: degeneração humana*. São Paulo: Juarez de Oliveira, 2001, p. 156.
- OLIVEIRA, Edmundo. *Propósitos Científicos da Prisão*. Revista Jurídica Consulex, n° 3, jun. 2002, pp. 60-63.

p. 164
- COSTA, Álvaro Mayrink da. *Criminologia*. Rio de Janeiro: Forense, 2005, p. 8.
- MIOTTO, Armida Bergamini. *Penologia e Penitenciarismo*. Revista Brasileira de Criminologia e Direito Penal, n° 8, jan-março 1965, p. 107.

p. 165
- FERNANDES, Newton; FERNANDES, Valter. *Criminologia integrada*, São Paulo: Revista dos Tribunais, 2002, p. 658.
- MIOTTO, Armida Bergamini. *Penologia e Penitencia-*

REFERÊNCIAS BIBLIOGRÁFICAS

rismo. Revista Brasileira de Criminologia e Direito Penal, n° 8, jan-março 1965, p. 102.
- SANTOS, José Wilson Seixas. *Dicionário de Criminologia*. São Paulo: LEUD, 1987, p. 112.

p. 166
- DOUGLAS, John; OLSHA-KER, Mark. *Mentes Criminosas e Crimes Assustadores*. Tradução de Octavio Marcondes. Rio de Janeiro: Ediouro, 2002, p. 43.

p. 167
- FOUCAULT, Michel: *História da Loucura*. Tradução de José Teixeira Coelho Netto. São Paulo: Perspectiva, 2002, pp. 132, 144.

p. 168
- SILVA, Eduardo Araújo da. *Crime Organizado: Procedimento Probatório*. São Paulo: Atlas, 2003, p. 86.
- ZIEGLER, Jean. *Os Senhores do Crime*. Tradução de Clóvis Marques. Rio de Janeiro: Record, 2003, pp. 293, 299.
- GOMES, Luiz Flávio; MOLINA, Antonio García Pablos de. *Criminologia*. São Paulo: Revista dos Tribunais, 2002, p.152.

- SANTOS, José Wilson Seixas. *Dicionário de Criminologia*. São Paulo: LEUD, 1987, p. 21.

p. 169
- JOZINO, Josmar. *Cobras e lagartos*. Rio de Janeiro: Objetiva, 2005, p. 47.

p. 170
- ELUF, Luiza Nagib. *A Legislação Brasileira face às Convenções e aos Pactos Internacionais: Questões especiais*. São Paulo: Revista dos Tribunais, v. 699, jan.1994, pp. 439-442.

p. 171
- ZIEGLER, Jean. *Os Senhores do Crime*. Tradução de Clóvis Marques. Rio de Janeiro: Record, 2003, p.147.
NASCIMENTO, José Flávio Braga. *Curso de Criminologia*. São Paulo: Juarez de Oliveira, 2003, p. 32.
- FERNANDES, Newton; FERNANDES, Valter. *Criminologia integrada*. São Paulo: Revista dos Tribunais, 2002, p. 89.

p. 172
- SALDAÑA, Quintiliano. *Nova Criminologia*. Tradução de Alfredo Ulson e V. de Alcântara

REFERÊNCIAS BIBLIOGRÁFICAS

Carreira. Campinas: Russel 2003, pp. 103, 119.

p. 175
- ZIEGLER, Jean. *Os Senhores do Crime*. Tradução de Clóvis Marques. Rio de Janeiro: Record, 2003, p. 128.

p. 176
- PIMENTEL, Manoel Pedro. *Ensaio sobre a pena*. São Paulo: Revista dos Tribunais, v. 733, nov. 1996, pp. 765-770.
- SALDAÑA, Quintiliano. *Nova Criminologia*. Tradução de Alfredo Ulson e V. de Alcântara Carreira. Campinas: Russel, 2003, p. 113.
- RIBEIRO, Leonídio. *Criminologia*. São Paulo: Ed. Sul Americana, Distribuidora Freitas Bastos, 1957, p. 552.
- SOUZA, Percival. *Narcoditadura: O caso Tim Lopes, crime organizado e jornalismo investigativo no Brasil*. São Paulo: Labortexto Editorial, 2002, p. 194.

P. 177
- PELLEGRINI, Angiolo; COSTA JÚNIOR, Paulo José da. *Criminalidade Organizada*, São Paulo: Jurídica Brasileira, 1999, p. 47.

p. 179
- ARBEX JUNIOR, José; TOGNOLLI, Claudio Julio. *O Século do Crime*. 2ª ed. São Paulo: Boitempo, 2004, pp. II, 25, 79.
- SEELIG, Ernest. *Manual de Criminologia*. Coimbra: Armênio Amado Editor, 1957, p. 6. DOTTI, René Ariel. *Casos Criminais Célebres*. São Paulo: Revista dos Tribunais, 2003, p. 279.

p. 180
- CASOY, Ilana. *Serial Killer: louco ou cruel?* São Paulo: Madras, 2004, p. 25.
- TALLI, Renato Laércio. *À sombra do Medo: degeneração humana*. São Paulo: Juarez de Oliveira, 2001, p. 182.
- SANTOS, José Wilson Seixas Santos. *Dicionário de Criminologia*. São Paulo: LEUD, 1987, p. 10.

p. 181
- CARVALHO FILHO, Luís Francisco. *A Prisão*. São Paulo: Publifolha, 2002, pp. 24, 25.

p. 182
- ARBEX JUNIOR, José; TOGNOLLI, Claudio Julio. *O Século do Crime*. 2ª ed. São Paulo: Boitempo, 2004, p. 96.

REFERÊNCIAS BIBLIOGRÁFICAS

- BARATTA, Alessandro. *Criminologia Crítica e Crítica do Direito Penal*: Introdução à Sociologia do Direito Penal. Tradução de Juarez Cirino dos Santos. Rio de Janeiro: Editora Revan, 2002, p. 24.

- SANTOS, José Wilson Seixas. *Síntese Expositiva de Criminologia*. São Paulo: Livraria Jurid Vellenich Ltda., 1973, p. 75.

p. 183

- SANTOS, José. *Dicionário de Criminologia*. São Paulo: LEUD, 1987, p. 144.

- PEIXOTO, Afrânio. *Criminologia*. São Paulo: Saraiva, 1953, p. 319.

- ZIEGLER, Jean. *Os Senhores do Crime*. Tradução de Clóvis Marques. Rio de Janeiro: Record, 2003, p. 196.

p.184

- ZIEGLER, Jean. *Os Senhores do Crime*. Tradução de Clóvis Marques. Rio de Janeiro: Record, 2003, pp. 69, 85.

- CARVALHO FILHO, Luís Francisco. *A Prisão*. São Paulo: Publifolha, 2002, p. 14.

- SANTOS, José. *Dicionário de Criminologia*. São Paulo: LEUD, 1987, p. 145.

p. 186

- ZACHARIAS, Manif; ZACHARIAS Elias. *Dicionário de Medicina Legal*, Curitiba: IBRASA, Ed. Universitária Champanhat, 1991, pp. 447, 450.

- SALDAÑA, Quintiliano, *Nova Criminologia*. Tradução de Alfredo Ulson e V. de Alcântara Carreira. Campinas: Russel 2003, pp. 166, 167.

p.187

- ZIEGLER, Jean. *Os Senhores do Crime*. Tradução: Clóvis Marques, Rio de Janeiro: Record, 2003, p.79

- SALDAÑA, Quintiliano, *Nova Criminologia*. Tradução de Alfredo Ulson e V. de Alcântara Carreira. Campinas: Russel, 2003, p. 112.

-ANDRIEU, Louis Assier. *O Direito nas Sociedades Humanas*. Tradução de Maria Ermantina Galvão. São Paulo: Martins Fontes, 2000, p. 301.

p. 188

- SANTOS, José Wilson Seixas. *Síntese Expositiva de Criminologia*. São Paulo: Livraria Jurid Vellenich Ltda., 1973, p. 75.

REFERÊNCIAS BIBLIOGRÁFICAS

p. 189
- GOMES, Luiz Flávio; MOLINA, Antonio García Pablos de. *Criminologia*. São Paulo: Revista dos Tribunais, 2000, p. 183.

p.191
- MIRABETE, Júlio Fabbrini. *Tortura: notas sobre a Lei n° 9.455/97*. Doutrina 5. Coordenação de James Tubenchlak. Rio de Janeiro: Instituto de Direito, 1998, pp. 13-21.
- ELUF, Luiza Nagib. A *Legislação Brasileira face às Convenções e aos Pactos Internacionais: Questões especiais*. Revista dos Tribunais, v. 699, jan.1994, pp. 439-442.

p.192
-ARBEX JUNIOR, José; TOGNOLLI, Claudio Julio. *O Século do Crime*. 2ª ed. São Paulo, Boitempo, 2004, p. 34.
- ZIEGLER, Jean. *Os Senhores do Crime*. Tradução: Clóvis Marques, Rio de Janeiro: Record, 2003, p.183.

p. 193
- PELLEGRINI, Angiolo; COSTA JÚNIOR, Paulo José da. *Criminalidade Organizada*,

São Paulo: Jurídica Brasileira, 1999, p. 63.
- ARBEX JÚNIOR José; TOGNOLLI, Claudio Julio. *O Século do Crime*. 2ª ed. São Paulo: Boitempo, 2004, p. 36.
- FERNANDES, Newton; FERNANDES, Valter. *Criminologia integrada*, São Paulo: Revista dos Tribunais, 2002, p. 517.

p. 198
- SILVA, Eduardo Araújo da. *Crime Organizado: Procedimento Probatório*. São Paulo: Atlas, 2003, p. 23.
- ZIEGLER, Jean. *Os Senhores do Crime*. Tradução: Clóvis Marques, Rio de Janeiro: Record, 2003, pp. 91, 97.

p. 199
- FOUCAULT, Michel. *História da Loucura*. Tradução de José Teixeira Coelho Netto, São Paulo: Perspectiva, 2002, p. 125.

p. 201
- ARBEX JÚNIOR, José; TOGNOLLI, Claudio Julio. *O Século do Crime*. 2ª ed. São Paulo: Boitempo, 2004, p. 60.

REFERÊNCIAS BIBLIOGRÁFICAS

p. 202

- SILVA, Eduardo Araújo da. *Crime Organizado: Procedimento Probatório*. São Paulo: Atlas, 2003, p. 20.

- FERNANDES, Newton; FERNANDES, Valter. *Criminologia integrada*. São Paulo: Revista dos Tribunais, 2002, p. 518.

Bibliografia

ALVES, Léo da Silva. *Alcoolismo e violência*. Revista Jurídica Consulex, n° 212, nov. 2005.

ANDRIEU, Louis Assier. *O Direito nas Sociedades Humanas*, Tradução de Maria Ermantina Galvão. São Paulo: Martins Fontes, 2000.

ARAUJO, Luís Ivani de Amorim. *O Direito de punir na Antigüidade*. Revista dos Tribunais, v. 688, fev. 1993.

ARBEX JÚNIOR, José; TOGNOLLI, Claudio Julio. *O Século do Crime*. São Paulo: Boitempo, 2004.

ARISTÓTELES, A *Política*. Tradução de Nestor Silveira Chaves, São Paulo, sem data.

BARATTA, Alessandro. *Criminologia Crítica e Crítica do Direito Penal*: Introdução à Sociologia do Direito Penal. Tradução de Juarez Cirino dos Santos. Rio de Janeiro: Revan, 2002.

BATOCHIO, José Roberto. *Formas Alternativas de Pena Crimi-*

BIBLIOGRAFIA

nal. Revista dos Tribunais, v. 733, nov. 1996.

BECCARIA, Cesare. *Dos Delitos e das penas*. Tradução de Paulo M. Oliveira. Rio de Janeiro: Ediouro, 2001.

BEVILÁQUA, Clóvis. *Criminologia e Direito*. Campinas: Red Livros, 2001.

BISSOLI FILHO, Francisco. *Estigmas da criminalização: dos antecedentes à reincidência criminal*. Florianópolis: Cultura Jurídica, 1998.

BITENCOURT, Cezar. *Falência da pena de prisão*: causas e alternativas. São Paulo: Revista dos Tribunais, 1993.

BOBBIO, Norberto. *A Era dos Direitos*. Tradução de Carlos Nelson Coutinho. Rio de Janeiro: Campus, 1992.

BONALUME NETO, Ricardo. *Vida Interior*. Folha de São Paulo, 07.04.1996.

BRUNO, Aníbal. *Direito Penal*. Rio de Janeiro: Forense, 1966. t. 4.

CAFFARENA, Borja Mapelli. *Problemas atuais da Criminologia Crítica*. Tradução de Cezar Roberto Bitencourt. Revista dos Tribunais, v. 696, out. 1993.

CALHAU, Lélio Braga. *Vítima, Justiça Criminal e Cidadania o Tratamento da Vítima como Fundamento para uma efetiva cidadania*. Vitimologia do Terceiro Milênio. Coordenação de Elida Séguin. Rio de Janeiro: Forense, 2004.

CALLEGARI, André Luís. *Participação (punível?) de agentes financeiros no delito de lavagem de dinheiro*. Revista Brasileira de Ciências Criminais, n. 44, jul.-set. 2003.

CAPEZ, Fernando. *Curso de Direito Penal. Legislação especial*. São Paulo: Saraiva, 2006.

_____. *Curso de Direito Penal. Parte Geral*. São Paulo, Saraiva: 2001

CARVALHO FILHO, Luís Francisco. *A Prisão*. São Paulo: Publifolha, 2002.

BIBLIOGRAFIA

CARRARA, Francisco. *Programa do Curso de Direito Criminal*. Tradução de Azevedo Franceschini e Prestes Barra. São Paulo: Saraiva, 1956.

CASOY, Ilana. *Serial Killer: louco ou cruel?* São Paulo: Madras, 2004.

CASTIGLIONE, Teodolindo. *Lombroso perante a Criminologia Contemporânea*, São Paulo: Saraiva, 1962.

CASTRO, Lola Aniyar. *Criminologia da Reação Social*. Tradução de Éster Kosovski, Rio de Janeiro: Forense, 1983.

CERVINI, Raúl; TERRA, William; GOMES, Luiz Flávio. *Lei de Lavagem de Capitais*. São Paulo: Revista dos Tribunais, 1998.

CHRISTIE, Nils. *A indústria do controle do crime: a caminho dos Gulags em estilo ocidental*. Rio de Janeiro: Forense, 1998.

CORRÊA, Antonio. *Dos crimes contra a ordem tributária*. São Paulo: Saraiva, 1994.

COSTA, Álvaro Mayrink da. *Exame Criminológico*, Rio de Ja-

neiro: Editora Jurídica e Universitária Ltda., 1972.

_____. *Criminologia*, Rio de Janeiro: Forense, 2005.

COSTA JÚNIOR, Paulo José da. *Comentários ao Código Penal*. São Paulo: Saraiva, 1986. v. 1.

DEMO, Roberto Luis Luchi. *A Extradição no STF*. Revista Jurídica Consulex n° 222, abr. 2006.

DOTTI, René Ariel. *Casos Criminais Célebres*. São Paulo: Revista dos Tribunais, 2003.

DOUGLAS, John; OLSHAKER, Mark. *Mentes Criminosas e Crimes Assustadores*. Tradução Octavio Marcondes. – Rio de Janeiro: Ediouro, 2002.

DOURADO, Luiz Ângelo. *O Serviço de Biopsicologia no Sistema Penitenciário*. Revista Brasileira de Criminologia e Direito Penal, n°8, jan.-março 1965.

DURKHEIM, Émile. *Da Divisão do Trabalho Social*. Tradução de Eduardo Brandão. São Paulo: Martins Fontes, 1999.

BIBLIOGRAFIA

_____. *O Suicídio.* Tradução Mônica Stahel, São Paulo: Martins Fontes, 2000.

_____. *As Regras do Método Sociológico.* Tradução Pietro Nassetti, São Paulo: Martin Claret, 2002.

D' URSO, Luiz Flávio Borges. *Direito Criminal na Atualidade.* São Paulo: Atlas, 1999.

_____. *Quando a Criminalidade ameaça o Estado Democrático de Direito.* Revista Jurídica Consulex, n° 215, dez. 2005.

EDDERMAEYER. *Os Precursores da Dactiloscopia.* Revista de Criminologia e Medicina Legal, n°s 1 e 2, v. IV, São Paulo, jan.-fev. 1929.

ELUF, Luiza Nagib. *A Legislação Brasileira face às Convenções e aos Pactos Internacionais: Questões especiais.* São Paulo: Revista dos Tribunais, v. 699, jan. 1994.

FARIA, Bento. *Código Penal Brasileiro – comentado.* São Paulo: Record, 1958. v. 1.

FÁVERO, Flamínio. *Medicina Legal – Introdução ao estudo da Medicina Legal. Identidade. Traumatologia.* v. 1, São Paulo: Livraria Martins Editora, 1962.

FELDMAN, M. Philip. *Comportamento Criminoso. Uma análise psicológica.* Rio de Janeiro: Zahar Editores, 1979.

FELICIANO, Guilherme Guimarães. *Informática e Criminalidade*: primeiras linhas. Ribeirão Preto: Nacional de Direito Livraria Editora, 2001.

FERNANDES, Newton; FERNANDES, Valter. *Criminologia integrada.* São Paulo: Revista dos Tribunais, 2002.

FOUCAULT, Michel. *História da sexualidade: a vontade de saber.* Tradução de Maria Thereza da Costa Albuquerque e J. A. Guilhon Albuquerque. Rio de Janeiro: Graal, 1997.

_____. *Vigiar e Punir: nascimento da prisão.* Tradução de Raquel Ramalhete. Petrópolis: Vozes, 2001.

_____. *Os Anormais*. Tradução de Eduardo Brandão, São Paulo: Martins Fontes, 2002.

_____. *História da Loucura*. Tradução de José Teixeira Coelho Netto. São Paulo: Perspectiva, 2002.

FREITAS, Augusto Teixeira de. *Vocabulário Jurídico*. Coordenação de Alcides Tomasetti Junior. São Paulo: Saraiva, 1983.

GARCIA, J. A. *Compêndio de Psiquiatria* (psicopatologia geral e especial). Rio de Janeiro: Livraria Atheneu S.A., 1954.

GOMES, Luiz Flávio. CERVINI, Raúl. *Crime Organizado*: *Enfoques criminológico, jurídico (Lei 9.034/95) e político-criminal*. São Paulo: Revista dos Tribunais, 1995.

GOMES, Luiz Flávio; MOLINA, Antonio García Pablos de. *Criminologia*. São Paulo: Revista dos Tribunais, 2000.

GOMES, Luiz Flávio. *Pena de Morte e prisão perpétua: solução ou ilusão? (Apontamentos sobre o macabrismo da "nova" política-criminal latino-americana)*. Revista dos Tribunais, v. 696, out. 1993.

_____. *Alternativas ao Caótico Sistema Penitenciário*. Doutrina 4, Coordenação de James Tubenchlak. Rio de Janeiro: Instituto de Direito, 1997.

HUGO, Victor. *Os Miseráveis*. Tradução de Frederico Ozanam Pessoa de Barros. São Paulo: Cozac & Naify, 2002.

_____. *O Último Dia de um Condenado*. Tradução Sebastião Paz. São Paulo: Golden Books, 2005.

JESUS, Damásio E. de. *Lei Antitóxicos anotada*. São Paulo: Saraiva, 1999.

_____. *Código Penal anotado*. São Paulo: Saraiva, 1998.

_____. *O "Movimento de Lei e de Ordem" invade o Direito Penal*. Revista Literária de Direito, n° 11, mai.-jun. 1996.

JOZINO, Josmar. *Cobras e lagartos*. Rio de Janeiro: Objetiva, 2005.

BIBLIOGRAFIA

LEAL, João José. *O Conceito de crime hediondo e o equívoco da Lei 8.072/90*. Revista dos Tribunais, v. 696, out., 1993.

LIMA, Alberto Jorge Correia de Barros. *Aspectos da Pena na Teoria Geral do Direito*. Doutrina 4, Coordenação de James Tubenchlak. Rio de Janeiro: Instituto de Direito, 1997.

LIRA, Antiógenes Marques. *Macrocriminalidade*. Revista dos Tribunais, v. 719, set., 1995.

LUISI, Luiz. *A Crise do sistema penal – Soluções processuais*. Revista dos Tribunais, v. 730, ag., 1996.

LYRA, Roberto; ARAÚJO JÚNIOR, João Marcello. *Criminologia*. Rio de Janeiro: Forense, 1992.

_____. *Comentários ao Código Penal*. Rio de Janeiro: Forense, 1955.

LYRA FILHO, Roberto. *Criminologia Dialética*. Rio de Janeiro: Ed. Borsói, 1972.

LOMBROSO, Cesare. *Lezioni di Medicina Legale*. Roma: Fratelli Bocca, 1900.

_____. *L' Uomo Delinquente*. Roma: Fratelli Bocca, 1896.

MAGALHÃES, Mário. *O Narcotráfico*. São Paulo: Publifolha, 2000.

MAIA, Carlos Rodolfo Fonseca Tigre. *Lavagem de Dinheiro (lavagem de ativos provenientes de crime) - anotações às disposições criminais da Lei 9.613/98*. São Paulo: Malheiros Editores, 1999.

_____. *O Estado Desorganizado contra Crime Organizado. Anotações à Lei Federal 9.034/95 (Organizações Criminosas)*. Rio de Janeiro: Lumen Juris, 1997.

MAIEROVITCH, Wálter Fanganiello, Revista Jurídica Consulex nº 226, jun. 2006.

MARQUES, José Frederico. *Tratado de Direito Penal*. v. 1, 2, 3, 4. São Paulo: Saraiva, 1961.

MIR, Luís. *Guerra Civil – Estado e Trauma*. São Paulo: Geração Editorial, 2004.

MIOTTO, Armida Bergamini. *Penologia e Penitenciarismo*. Revista Brasileira de Criminologia e Direito Penal, n° 8, jan-março, 1965.

MIRABETE, Julio Fabbrini. *Execução penal*. 5ª. ed., São Paulo: Atlas, 1992.

_____. *Tortura: notas sobre a Lei 9.455/97*. Doutrina 5. Coordenação James Tubenchlak. Rio de Janeiro: Instituto de Direito, 1998.

MONTESQUIEU. *O Espírito das Leis*. Tradução de Cristina Murachco, São Paulo: Martins Fontes, 2000.

MORUS, Thomas. *A Utopia*. Tradução de Pietro Nassetti. São Paulo: Martin Claret, 2002.

NASCIMENTO, José Flávio Braga. *Curso de Criminologia*, São Paulo: Juarez de Oliveira, 2003.

NORONHA, E. Magalhães. Direito Penal, v. 2. São Paulo: Saraiva, 1963.

OLIVEIRA, Edmundo. *Propósitos Científicos da Prisão*. Revista Jurídica Consulex n° 3, jun. 2002.

PADILLA, Ivan. *Massacre*. Revista Época, n° 304, mar. 2004.

PASSOS, Paulo Roberto da Silva. *Elementos de Criminologia e Política Criminal*. São Paulo: EDIPRO, 1994.

PAUPÉRIO, A. Machado. *O Direito Político de Resistência*. Forense. Rio de Janeiro: 1962.

PEIXOTO, Afrânio. *Criminologia*. São Paulo: Saraiva, 1953.

PEIXOTO, Paulo Matos. *Vocabulário Jurídico*. São Paulo: Paumape, 1993.

PELLEGRINI, Angiolo; COSTA JÚNIOR, Paulo José da. *Criminalidade Organizada*. São Paulo: Jurídica Brasileira, 1999.

PICCA, Georges. *Crime Organizado Internacional*. Revista Jurídica Consulex, n°. 158, agosto 2003.

PIMENTEL, Manoel Pedro. *Ensaio sobre a pena*. Revista dos Tribunais, v. 733, nov. 1996.

PINATEL, Jean, *La Criminologie, Sociologie D'Aujour D'Hui*. Paris: SPES, 1960.

BIBLIOGRAFIA

PINHEIRO, Paulo Sérgio. *A Violência Brasileira*, Ed. Brasiliense. São Paulo: 1982.

PITOMBO, Antônio Sérgio A. de Moraes. *Lavagem de dinheiro – A tipicidade do crime antecedente*. São Paulo: Revista dos Tribunais, 2003.

PRADO, Geraldo. *Violência infanto-juvenil e os processos de vitimização*. Doutrina 4, Coordenação de James Tubenchlak. Rio de Janeiro: Instituto de Direito, 1997.

QUEIROZ, Carlos Alberto Marchi. *Polícia e Criminologia*. Revista dos Tribunais, v. 698, dez., 1993.

REIS, Maria Helena Junqueira. *Computer Crimes: A Criminalidade na Era dos Computadores*. Belo Horizonte: Del Rey, 1997.

RIBEIRO, Leonídio. *Criminologia*. São Paulo: Ed. Sul Americana, Distribuidora Freitas Bastos, 1957.

RIOS, Rodrigo S. *O Estatuto Epistemológico da Criminologia no âmbito da ciência penal*. Revista dos Tribunais, v. 699, jan. 1994.

ROCHA, Fernando N. Galvão. *Criminalidade do Computador.* Revista dos Tribunais, v. 718, ag. 1995.

ROUSSEAU, Jean Jacques. *O Contrato Social*. São Paulo: Cultrix, 1995.

SALDAÑA, Quintiliano, *Nova Criminologia*, Tradução de Alfredo Ulson e V. de Alcântara Carreira, Campinas: Russel, 2003.

SANT'ANNA, Lourival. O Estado de S. Paulo, 11.06.06.

SANTOS, JUNIOR, Belisário dos. *A tortura e o Estado Democrático de Direito – O relatório da Comissão Especial da Lei 10.726, de 09.01.2001. Revista Brasileira de Ciências Criminais, n. 46, jan.-fev. 2004.

SANTOS, José Wilson Seixas. *Síntese Expositiva de Criminologia*. São Paulo: Livraria Jurid Vellenich Ltda., 1973.

_____. *Noções de Medicina Legal*. Ribeirão Preto: Letras da Província, 1985.

_____. *Dicionário de Criminologia*. São Paulo: LEUD, 1987.

_____. *Léxico Médico-Legal*. Campinas: Julex, 1987.

_____. *Dicionário Analítico de Processo Penal*. Ribeirão Preto: Cori – Arte, 1992.

_____. Lei Antitóxicos Comentada. Leme: LED, 1994.

_____. *Justiça de Criminosos. Criminosos da Justiça*. Ribeirão Preto: REVJURIS, 1995.

SANTOS, Juarez Cirino dos. *Criminologia da Repressão – Uma crítica ao Positivismo em Criminologia*. Rio de Janeiro: Forense, 1979.

_____. *A Criminologia Radical*. Rio de Janeiro: Forense, 1981.

_____. *As Raízes do Crime – Um estudo sobre as estruturas e as instituições da violência*. Rio de Janeiro: Forense, 1984.

SEELIG, Ernest. *Manual de Criminologia*. Coimbra: Armênio Amado Editor, 1957.

SILVA, Eduardo Araújo da. *Crime Organizado: Procedimento Probatório*. São Paulo: Atlas, 2003.

SIQUEIRA, Geraldo Batista de. *Regime prisional*. Revista dos Tribunais, v. 699, jan. 1994.

SNUSTAD, D. Peter; SIMMONS, Michael J. *Fundamentos da Genética*. Tradução de Paulo Armando Motta. Rio de Janeiro: Editora Guanabara Koogan S.A., 2001.

SOUZA, Paulo Vinicius Sporleder de. *A Criminalidade Genética*. São Paulo: Revista dos Tribunais, 2001.

SOUZA, Percival. *Narcoditadura: O caso Tim Lopes, crime organizado e jornalismo investigativo no Brasil*. São Paulo: Labortexto Editorial, 2002.

SYKES, Gresham M. *Crime e Sociedade*. Tradução de Walter Pinto. Rio de Janeiro: Bloch Editores, 1969.

TALLI, Renato Laércio. *À sombra do Medo: degeneração humana*. São Paulo: Juarez de Oliveira, 2001.

BIBLIOGRAFIA

TEIXEIRA, Napoleão L. *Do papel da sugestão periodística na etiopatogenia do suicídio*. Revista dos Tribunais, v. 315, fev., 1962.

THOMPSON, Augusto. *Quem são os criminosos? O crime e o criminoso: entes políticos*. Rio de Janeiro: Lumen Juris, 1998.

VIEIRA, João. *O Magistrado e a Lei Antitóxicos*. Rio de Janeiro: Forense, 2004.

ZACHARIAS, Manif; ZACHARIAS, Elias. *Dicionário de Medicina Legal*. Curitiba: IBRASA, Ed. Universitária Champanhat, 1991.

ZAFFARONI, Eugênio Raúl. *La filosofia del sistema penitenciario en el mundo contemporáneo. Cuadernos de la cárcel*. Edición Especial de la revista "No hay derecho", Bs. As., 1991.

_____. *Criminologia: aproximación desde un margen*. Bogotá: Temis, 1988.

_____. *Politica criminal latino-americana*. Bogotá: Temis, sem data.

ZAKAREWICZ, Luiz Fernando. *A Ação Terrorista do PCC*. Revista Jurídica Consulex, n° 225, mai., 2006.

ZIEGLER, Jean. *Os Senhores do Crime*. Tradução de Clóvis Marques. Rio de Janeiro: Record, 2003.

_____. *A Suíça, o ouro e os mortos*. Tradução de Ana Barradas, Rio de Janeiro: Record, 1999.

WACQUANT, Loïc. *As prisões da miséria*: Rio de Janeiro: Jorge Zahar, 2001.

_____. *Punir os pobres: a nova gestão da miséria nos Estados Unidos*. Rio de Janeiro: Instituto Carioca de Criminologia: Freitas Bastos, 2001.

Código Criminal do Império do Brazil. Anotado pelo Desembargador V. A. de Paula Pessoa, Rio de Janeiro: Livraria Popular, 1877.